U0794354

中等职业学校德育用书

学生素养读本

主　编　王　容　董　欣

副主编　杨小琴　吴西林　杨　唯

参　编　向恩扬　解海粟

　　　　周　旭　邓　超

顾　问　杨　光　周　利

西南交通大学出版社

·成　都·

图书在版编目（CIP）数据

学生素养读本 / 王容，董欣主编. —成都：西南交通大学出版社，2020.2

ISBN 978-7-5643-7354-2

Ⅰ. ①学… Ⅱ. ①王… ②董… Ⅲ. ①素质教育 – 中等专业学校 – 教材 Ⅳ. ①G711

中国版本图书馆 CIP 数据核字（2020）第 013202 号

Xuesheng Suyang Duben

学生素养读本

主编 王 容 董 欣

责任编辑 梁 红
助理编辑 吴启威
封面设计 原谋书装

出版发行 西南交通大学出版社
（四川省成都市金牛区二环路北一段 111 号
西南交通大学创新大厦 21 楼）
发行部电话 028-87600564 87600533
邮政编码 610031
网址 http://www.xnjdcbs.com
印刷 四川煤田地质制图印刷厂

成品尺寸 146 mm × 208 mm
印张 4.125
字数 107 千
版次 2020 年 2 月第 1 版
印次 2020 年 2 月第 1 次
书号 ISBN 978-7-5643-7354-2
定价 24.00 元

前言

德育是学校素质教育的重要组成部分，贯穿于学校教育教学工作的全过程和学生日常生活的各个方面，渗透在智育、体育、美育和劳动教育中。学校德育的目的是全面提升学生的综合素养，综合素养的提升对青少年学生健康成长起着导向、动力和保证作用。职业教育培养的是具有高素质的专业技能人才，因此，在职业教育中必然要更加重视学生的职业道德和心理素质的养成训练。

职业教育的学生素养涵盖内容广泛，需要学校和学生双向融合。现有的教材普遍都存在着“涵盖面太广、知识体系过多、针对性不强”的问题。因此，基于职业学校德育工作的需要，基于学生发展的需要特别是新生入学教育的需要，我们共同编写了一本具有较强针对性的学生素养读本。

本书共分五章。第一章介绍了职业生涯规划的相关知识，旨在激发学生的工匠意识，做好职业规划，为实现制造强国而贡献力量，最大限度地实现人生价值。第二章阐述了在新的人生阶段，职业兴趣对学生选择专业的重要性，从而指导学生选准专业，确定职业方向，进而能自觉增进岗前意识，顺利进入职场。第三章从传统故事出发，重在提升个人修养，从道德角度分析了公民与国家和社会之间的关系、公民与公民之间的交往原则，最后落实到行动中，激励学生勤学修身、自立自强，实现人生价值。第四章从学生身边的安全隐患着手，结合真实案例，提升学生的安全意识和防范意识；通过介绍我国的法律体系，普及相关的法律知识，增强学生的法律意识。第五章从心理学角度，阐述了新时期健康的含义，突出了心理健康，重在增强学生的生命意识，引起学生对身心健康的重视；最后介绍了一些调控情绪的方法，帮助学生养成积极向上的心态，去面对未来的人生。

编者与所在学院的德育教师通力合作，结合专业建设的需要，共同完成了本书的编写任务。各章执笔者：第一章，杨小琴；第二章，王容、向恩扬、杨唯；第三章，吴西林；第四章，董欣、解海粟；第五章，王容。最后由王容、董欣统稿。在此，谨向在本书中被提名或者未被提名的引文作者表示诚挚的谢意，同时感谢周旭、邓超等参编者，特别要感谢本次的编写顾问杨光、周利两位老师，感谢他们的热心帮助。

由于编者的理论水平和实践经验的局限，书中难免有疏漏之处，敬请各位读者批评指正。

编　者

2019 年 9 月

目　录

第一章　掌握职业知识　树立人生目标

第一节　职业的起源与发展

我们的教育方针，应该使受教育者在德育、智育、体育几方面都得到发展，成为有社会主义觉悟的有文化的劳动者。

——毛泽东

一、职业的起源

职业对于每个人来说并不陌生。

职业是我们从事某项社会工作以获取主要生活来源的工作类别。比如农民、工人、医生、教师、警察、销售人员等。职业是社会分工的产物。人类经历了三次社会大分工（见图 1-1）。

人类在征服自然的过程中，长期的狩猎使人类认识到牛、马、羊、猪、鸡等动物可以驯养以取得乳、肉等生活资料；认识到某些植物可以靠人工种植以获取稳定的食物来源，于是产生了畜牧业和农业；人类在生活中，需要衣物和日常生活用具，比如日常使用的陶具、铁器等，于是手工业也有所发展。可以说，在原始社会中已经形成了初步的畜牧业、农业和手工业，为后来职业的发展奠定了基础。直到奴隶社会初期，随着社会生产力的发展，人类为了满足生活需要，出现了商品交换，于是专门经营商品买卖的商人也应运而生，对社会进步产生重要影响的工业、商业等包含的职业也随之发展起来。

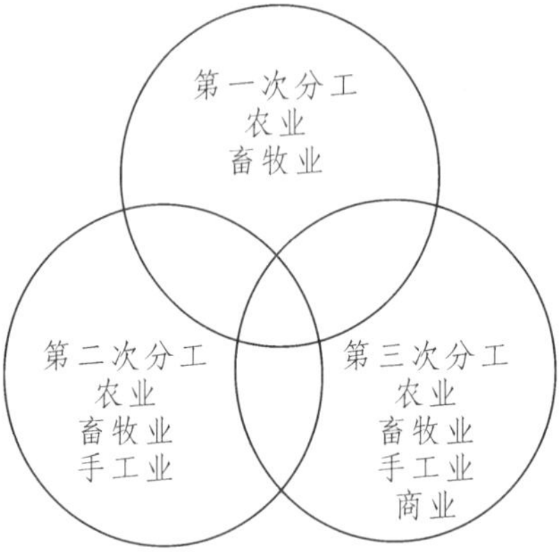

图 1-1　三次社会大分工

到了 18 世纪中叶，第一次工业革命以来，蒸汽机的应用使一些职业被机器所代替。例如纺织工消失，取而代之的是纺织机操作工；蒸汽机的应用推动了冶铁、采煤的发展；机械的发明又推动了重工业和交通运输业的发展。19 世纪，随着电的使用，发电机、电灯和电话等先后出现。第二次世界大战以后，随着第三次科技革命到来，电子计算机、自动化技术迅猛发展，开创了许多新兴的工业部门。随着新一代信息技术的发展，互联网、云计算、大数据、新能源、智能制造等行业发展也推动了新的职业发展。

人类社会由最初的社会分工的产生，即农业与畜牧业的分离，商业与农业、畜牧业的分离逐渐产生了农民、牧民、商人等不同的职业。随着科学技术的进步，社会生产力的发展，社会分工也越来越细，职业也越来越多。比如现在我们生活中出现了高科技研究员、电脑维修员、网络维护员、汽车维修员、数控编程师、机械制造师、电气自动化检测员等高科技相关人员。可以这样说，职业是劳动分工的具体体现，社会有多少分工就有多少职业。

二、职业的分类

职业分类以工作性质的同一性为基本原则，对社会职业进行系统的划分和归类。我国最早的职业分类典籍是《周礼·考工记》。根据记载，我国古代职业分为六种：王公、士大夫、百工、商旅、农夫和妇功。联合国于 1958 年颁发了《国际标准职业分类》，将职业分为 9 个大类，83 个中类，284 个小类，1 506 个细类。目前很多国家根据这一分类编制了符合自己国家国情的职业分类词典。中国也根据国情在不同阶段对职业分类进行了调整和补充（见表 1-1）。

表 1-1　我国职业分类的变化

时间	文献	分类依据	分类	
1982	《职业分类标准》	从业人员本人所从事的工作性质同一性	大类	8
			中类	64
			小类	301
1984	《国民经济行业代码》	按企事业单位、机关、团体和个体从业人员所从事生产或其他经济社会活动的性质同一性	门类	8
			大类	92
			中类	368
			小类	864

续表

时间	文献	分类依据	分类	
1986	《中华人民共和国国家标准职业分类与代码》（GB/T6565—1986）	以从业人员工作性质的同一性	大类	8
			中类	63
			小类	303
1988	《职业岗位分类词典》	按各个职业的主要职责或“从事的工作”进行分类	主类	23
			子类	81
			细类	498
1999	《中华人民共和国职业分类大典》	从业人员工作性质的同一性	大类	8
			中类	66
			小类	413
			细类	1 838
2015	《中华人民共和国职业分类大典》	从业人员工作性质的同一性	大类	8
			中类	75
			小类	434
			细类	1 481

从表 1-1 我们可以看出，职业分类是随着社会的变化而变化的，所有的分类必须适应社会的发展。作为从业人员，我们也应当不断学习和更新现有知识，以适应职业发展，适应社会发展。

2015 年的《中华人民共和国职业分类大典》将我国现有职业分为“党的机关、国家机关、群众群体和社会组织、企事业单位负责人”“专业技术人员”“办事人员和有关人员”“社会生产服务和生活服务人员”“农、林、牧、渔业生产人员及辅助人员”“生产制造及有关人员”“军人”“不便分类的其他从业人员”8 个大类，共计 1 481 个职业。

第二节　办好职业教育　打造制造强国

> 科学技术是生产力，而且是第一生产力。
>
> ——邓小平

一、制造强国离不开高技能人才

当代社会快速发展，科技进步日新月异，各国之间竞争日益激烈，对人才需求也日益增加。中共中央办公厅、国务院办公厅印发的《关于进一步加强高技能人才工作的意见》（中办发〔2006〕15号）指出："高技能人才是我国人才队伍的重要组成部分，是各行各业产业大军的优秀代表，是技术工人队伍的核心骨干。"但在实际工作当中，高技能人才的总量、结构和素质还不能适应经济社会发展的需要，特别是在制造、加工、建筑、能源、环保等传统产业和电子信息、航空航天等高新技术产业以及现代服务业领域，高技能人才严重短缺，已成为制约经济社会持续发展和阻碍产业升级的"瓶颈"。

2015年5月，国务院印发了《中国制造2025》，文件中指出："制造业是国民经济的主体，是立国之本、兴国之器、强国之基。新中国成立尤其是改革开放以来，我国制造业持续快速发展，建成了门类齐全、独立完整的产业体系，有力推动工业化和现代化进程，显著增强综合国力，支撑世界大国地位。然而，与世界先进水平相比，我国制造业仍然大而不强，在自主创新能力、资源利用效率、产业结构水平、信息化程度、质量效益等方面差距明显。"

打造制造强国，离不开技能人才，尤其是作为“大国工匠”的高技能人才。国家为了培养高技能人才，先后出台了一系列政策，比如将“工匠精神”写入政府工作报告、建立企业首席技师制度、实施五年制高级工及预备技师培养制度，打造培养高技能人才摇篮的技师学院，完善技能人才培养的长效机制等。

二、职业教育是培养高技能人才的摇篮

2019 年 2 月，为贯彻全国教育大会精神，进一步办好新时代职业教育，国务院印发了《国家职业教育改革实施方案》(国发〔2019〕4 号)。方案中指出：“职业教育与普通教育是两种不同教育类型，具有同等重要地位。”随着我国进入新的发展阶段，产业升级和经济结构调整不断加快，各行各业对于技术技能人才的需求越来越紧迫，职业教育的重要地位和作用越来越凸显。要坚持以习近平新时代中国特色社会主义思想为指导，把职业教育摆在教育改革创新和经济社会发展中更加突出的位置。提高技术技能人才待遇水平，加强职业教育建设。

第三节　学好专业技能　树立工匠意识

要做就做到最好，要练就练出绝活

——韩利萍

作为一名职校生，我们应该看清当前国家对于高技能人才的需求、对于职业教育的重视，我们应该把握好机遇，努力学好专业技能和科学文化知识，时刻准备为国家、为社会做出贡献。

2016 年 3 月，李克强总理在十二届全国人大四次会议上所做的《政府工作报告》中提出：“鼓励企业开展个性化定制、柔性化生产，

培育精益求精的工匠精神。”2019 年，国务院办公厅印发的《职业技能提升行动方案（2019—2021 年）》中明确指出：“加强职业技能、通用职业素质和求职能力等综合性培训，将职业道德、职业规范、工匠精神、质量意识、法律意识和相关法律法规、安全环保和健康卫生、就业指导等内容贯穿职业技能培训全过程。”在职业技能提升行动方案中明确指出了工匠精神在职能培训的重要性。

工匠精神是应时代需要而产生的，工匠精神是专业技术人员展现出的敬业专注、精益求精、持续创新的工作态度。树立工匠意识是每一个职校生学好专业知识的保障，是就业前必须补的“钙”，是实现个人成长、国家高质量发展不可或缺的力量。

那究竟什么是工匠精神？我国工匠精神源远流长，有着优秀的文化历史。无数杰出的工匠为我们留下了丰富的物质遗产，形成了我国特有的工匠文化。他们求真务实、严谨细致、执着专注、开拓创新，制造出了一件件精美的器物。下面就是一则当代大国工匠的故事。

大国工匠——韩利萍

韩利萍，从普通铣工、数控菜鸟到运载火箭技术研究院首席技能专家，她的成长和成功源于她对航天事业的热爱，她脚踏实地的责任感和一丝不苟的科研精神。中国的“航天梦”让她坚定信念和理想，攻克了一次次的技术难关，实现了一次次的工艺创新。

图 1-2 “随着难题一个一个被攻克，工作给我带来了乐趣和成就感。”

从无处下手到行家里手

韩利萍说：要做就做到最好

韩利萍出生于一个“航天”家庭，在清华装备公司的家属院长大。“从小听到的就是和航天有关的故事。大人们白天热火朝天忙生产，晚上不辞辛苦捡砖头盖厂房。为了给生产发射平台的工友们吃得好点，大家好几天吃粗粮，省下钱来兑换一顿肉。”韩利萍说，那时候条件虽然艰苦，但是父辈们有一种信念——自力更生、艰苦奋斗，创建起完整坚实的中国航天工业。1991 年，韩利萍高中毕业后进入清华装备公司，当上铣工，成了一名真正的航天人。

“想要掌握铣削这项技能，加工出合格的航天产品，需要日积月累，不断下苦功夫。”韩利萍的师傅张建国是一名老劳模，他在韩利萍上班的第一天就给她敲响了警钟。

“小韩，你跟我学习有一段时间了，相信你一定能完成任务。”一次，师傅让韩利萍加工两份角钢工件。带着师傅的期许，韩利萍自信满满地站在机床前。因为没弄明白两份不同工件图纸上标注的实线与虚线的区别，导致工件全部报废。看着师傅失望的眼神、听着检验员责备的话语，韩利萍心中满是愧疚，“太丢人了，这件事过去好多年了，现在说起来都很难受”。

图 1-3 “学知识，赶上去，怎么也不能让这几张图纸把我难倒。”

由于进厂前没经过专业、系统的职业技能学习，最初工作的日子里，如何能看懂图纸成为韩利萍面临的难题。从此，韩利萍只要有空就待在家里研究《机械制图》《金属材料与热处理》《公差与配合》等专业书籍，遇到不懂的就追着师傅和工友问。

一天，她在家做饭，突然想到用土豆、萝卜切出零件模型，这样就可以很直观地帮助自己理解图纸了。于是，韩利萍与土豆有了不解之缘，她家的餐桌上也多出了一道道不明形状的“菜”。就是靠着这样的苦练和“毫厘不差”的执着，韩利萍慢慢地成长起来。

1999年，工厂数控加工刚刚起步，韩利萍作为首批数控操作工，开始了边学、边干、边摸索的数控加工之路。白天抱着机床操作说明书勤学苦练，夜晚自学数控专业理论知识，从初次尝试到熟练操作，韩利萍用了三个月时间。之后几年，韩利萍积极参加各种数控技术培训，数控加工技术的“神秘面纱”被她一层层揭开。她逐渐成长为精通工艺、编程和操作的复合型高技能人才，成为数控加工领域的行家里手。

从细微入手到大事有成
韩利萍说：要练就练出绝活

对于韩利萍来说，2005年是难忘的。当时，韩利萍正为攻克一项技术难关冥思苦想，她的女儿发水痘了，满身满脸都是小泡泡，高烧不退，白天晚上离不开人。那时班组的年轻人还缺乏经验，韩利萍一个人要承担多项工作。

韩利萍说：“一直以来，母亲都是我最坚强的后盾，帮我分担了很多。那时家里还有长年卧病在床需要人照顾的父亲，母亲的劳累可想而知。可瘦弱却坚强的母亲总说一句话：‘单位的事重要，家里有我呢。’”

有了家人的支持，韩利萍全身心投入到“单位的事”中，经过坚持不懈的努力，她攻克了技术难关，更为类似零件的加工提供了宝贵的经验。

人的一生中，所有走过的路都不会白走，付出终有回报。凭着过硬的技能，韩利萍在2006年第二届全国数控技能大赛中，夺得山西赛区数控铣工第二名，在2007年中国航天科技集团公司第四届职业技能竞赛中，夺得了数控铣工第一名。

2016年6月25日，我国新一代运载火箭长征七号首飞成功。听到直播画面中传来“发射成功”的声音，韩利萍和她的同事们都欢呼起来，“以前觉得自己只是一名工人，那一刻，觉得自己是和整个国家联系在一起的”。因为在长征七号火箭发射平台的4万个零件中，有一个关键控制零件是他们加工的。

“那段时间走路在琢磨、睡觉在琢磨，甚至吃饭时突然想到新点子，撂下碗筷就跑回单位做试验。”经过几十次的方案选择、上百次的切削试验、大量切削数据的筛选，反复进行验证，韩利萍终于确定了新的工艺方案，实现了对整个工艺过程的精准掌控，确保了零件加工一次成功。

图1-4 工作中的韩利萍

从个人出众到团队出彩

韩利萍说：要带就带出高徒

韩利萍第一次接触数控机床，是在参加工作十年以后，作为厂里第一代数控铣工，没有师傅的指导，遇到困难完全靠自己摸索解决，因此也走了不少弯路。有师傅的人是幸运的，因为有人能够引导，有学习的榜样。

作为老师傅，韩利萍带徒 9 名，在“师徒结对子五步工作法”的带动下，1 人晋升为高级技师，3 人晋升为技师，1 人获“全国技术能手”称号，2 人获“三晋技术能手”称号；作为班组长，韩利萍设立班组“创新基金奖”，鼓励组员发表论文、申请专利，提出合理化建议、总结先进操作法，努力打造出一支能打胜仗、人才辈出的创新型班组。

图 1-5　“我对自己要求严，对徒弟、对组员更是如此，我希望他们能够青出于蓝而胜于蓝。”

这个平均年龄 28 岁的年轻团队，近五年来完成生产工时每年以超过 25%的速度递增，连续多年荣获中国运载火箭技术研究院“神箭金牌班组”“全国学习型先进班组”“全国女职工建功立业标兵岗”等荣誉称号，2008 年被中华全国总工会授予首批“全国工人先锋号”荣誉称号。

在以韩利萍命名的工作室里，摆放着“数控加工特级技师”“航天一院首席技能专家”“全国技术能手”“国家级技能大师工作室”“中华技能大奖”“全国三八红旗手标兵”等证书、奖章和牌匾，它们见证了韩利萍走过的艰辛之路，体现了这位“大国工匠”用“匠心”和勤奋铸就的辉煌。

图 1-6 “我就是生产一线的一名女工，仅仅是做好了本职工作。这些荣誉属于在平凡岗位上为这个国家默默做出贡献的所有人。”

“走进新时代，我们既需要仰望天空，更需要脚踏实地。新时代是奋斗者的时代，我们要做伟大事业的建设者、做敢于追梦的奋斗者，只要勇于追梦、圆梦，没有什么不可能。”韩利萍一如既往的信心满满、严谨达观，她将在建功新时代的道路上继续追梦。（本案例摘自学习强国 App）

第四节　做好职业规划　实现人生价值

> 青年的人生目标会有不同，职业选择也有差异，但只有把自己的小我融入祖国的大我、人民的大我之中，与时代同步伐、与人民共命运，才能更好实现人生价值、升华人生境界。
>
> ——习近平《在纪念五四运动100周年大会上的讲话》

一、行业、职业与专业

职业不同于行业，行业一般是指按生产同类产品或具有相同工艺过程或提供同类劳动服务划分的经济活动类别，如饮食行业、服装行业、机械行业、金融行业、移动互联网行业等。职业是参与社会分工，利用专门的知识和技能，为社会创造物质财富和精神财富，获取合理报酬，作为物质生活来源，并满足精神需求的工作。专业是高等院校或中等职业学校依据职业分类及劳动分工把学业分成的门类。如电气自动化专业、旅游专业、汽车专业、幼儿教育专业等。专业设置的依据是我国社会主义建设事业发展对人才的需求。

一般来说，除了特殊的职业领域，国家的产业政策是职业学校设置专业的重要依据。第一产业包括农业、林业、畜牧业、渔业和水利业。第一产业是人们食物的主要来源，是人类生存之本。第二产业包括工业和建筑业，如电子工业、机械工业、汽车制造。第三产业指第一、二产业以外的流通和服务两大部门，包括交通运输、金融、地产、旅游、教育、社会服务等。简单来说就是社会需要什么样的人才，我们就设置什么样的专业并根据行业需求制定相应的人才培养方案和课程计划。

职业是社会分工的产物，它具有社会性。任何一种职业都不能脱离社会而独立存在，职业随着社会的发展而不断变化，专业也会随着社会的变化而变化。因此在我们选择专业时，一定要结合时代发展需要和社会需求。职业也具有稳定性，任何一种职业都有一定的技术含量和技术规范，包括必要的支持和技能，技术性越强的职业对从业者素质要求就越高，这就是职业的专业性。

从社会功能学的角度来说，对社会贡献越大的人，其专业技术性更强，获得的社会地位也会更高。也就是说在高技能人才短缺的今天，无论你从事哪个行业，选择什么样的职业，都需要不断提高自己的专业素养，才能为社会做贡献。

二、做好职业生涯规划，实现人生价值

职业的人生功能有三种：获得我们的生活来源；承担社会责任；实现人生价值。对于一个从事职业活动的人来说，职业是我们获取生活来源的主要途径，但是在从事职业活动中，如果把获取报酬看作是职业活动的唯一价值，那么职业很容易变成个人谋取私利的工具，这不但违背了职业的社会属性，而且容易让人误入歧途。职业的社会性还决定了职业本身就是一种社会服务活动，每个人都必须承担社会责任，使整个社会正常运转并健康发展，只有社会健康发展了，个人才会在稳定的社会当中愉快地生活与劳作。一个人的人生价值必须在职业活动中才能实现，只有通过职业活动才能实现个人价值。个人价值得到实现的同时，才会为社会创造价值，也才会被社会所认同。因此，要在社会上生存和生活，做好职业生涯规划就显得尤为重要。

那么，怎么做好职业生涯规划呢？

第一步，首先要树立职业理想。习近平主席在给莫斯科大学中国留学生的回信中指出："青年一代有理想、有本领、有担当，国家就有前途，民族就有希望。"理想指引人生的方向，信念决定事业的成败。所以，任何事业的成败都必须要先树立职业理想。只有树立崇高职业理想的人，才能在自己所从事的职业中，具有顽强的毅力和进取精神，才能在平凡的岗位上勤勤恳恳，创造出不平凡的业绩。做好职业定位之后，我们就应该好好思考未来在该职业上要做出什么样的成绩。

第二步，做好专业学习规划。只有专业知识学习过硬、学习规划合理才是通向成功的正确途径。那么我们应该怎样来做专业规划呢？

入校选好专业后，同学们首先应该通过查询网络或咨询专业教师了解该专业所应用领域的发展状况，再了解专业所学知识课程，制定学习目标和学习计划（见图 1-7）。

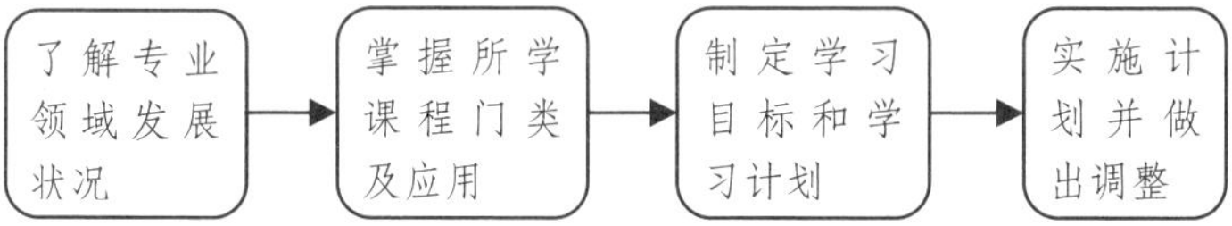

图 1-7　专业学习规划

我们需要了解所学习的专业是干什么的；可以在哪些领域就业，发展前景是什么；平时会开设哪些课程；每门课程在专业领域起到什么样的作用；每门课程开设多少个学期；每学期多少节课程；怎样在有限时间内掌握好这些知识；最后需要达到一个怎样的目标；分解到一个月应该达到一个什么目标；为了达到这个目标每天需要完成什么内容的任务等。根据这些内容制定每日详细的学习目标和学习计划。做好学习计划之后，在实施计划过程中还要根据自己的实际情况做出调整，并一步步达到自己预先设定的学习目标。

第三步，做好自我分析，做出正确求职选择。

在求职之前做好正确的自我分析是非常重要的。一般来说我们要从自身家庭、性格特征、身体心理素质、专业素质等方面进行分析。

我们可以根据自己的兴趣和性格特征来选择喜欢的行业。美国著名的职业指导专家、心理学教授霍兰德（John L. Holland）和他的助手经过几十年一百多次实验研究，创立了人格类型与职业类型学说——按劳动者心理素质和择业倾向，将劳动者划分为六种人格类型，相应的职业也划分为六种类型，即实际型、研究型、社会型、艺术型、事业型、常规型，相关内容见本书第二章。

当然，我们也必须要清楚，社会主义核心价值观是当代中国精神的体现，是全体人民共同的价值追求。每个从业者都应该把全体人民共同的价值追求内化为自己的行为指南，才能够形成和谐社会，每个人才会有幸福的生活。

除了兴趣爱好、性格特征，我们还需要对自己的职业素养做一个正确的评估，根据实际职业性质做好自我分析，明确自己是否已经具备了该有的专业知识和技能，是否达到了企业所要求的职业道德水平。这里需要特别指出的是，在所有的职业素养当中，职业道德是放在首位的。良好的职业道德体现在对职业执着的坚守上，体现在对职业精益求精的担当上，体现在对中华民族伟大复兴梦想实现的努力上。

第四步，做好阶段性规划和长期规划。

在做好职业选择之后，做好阶段性规划尤为重要。达到人生目标不是一蹴而就的，需要脚踏实地一步一步向前迈进。阶段性规划是实现人生目标的“监督员”。只有做好了阶段性规划，才有可能一步步实现自己的人生目标。就业后通常短期规划为 1 ~ 5 年，中期规划为 5 ~ 10 年，长期规划为 10 年以上。有了阶段性规划，我们才可以有条不紊地向着自己的目标迈进。

第五步，动态规划，不断调整。

社会在不断发展和进步，影响职业生涯的因素也变得越来越多，很多因素是不可预测的。为了达到自己的最终目标，我们需要根据实际情况对阶段性规划进行一定的调整。只有在不断学习、不断调整当中，才能实现自己的人生理想。

下面是某位职校生的职业生涯规划，供各位同学参考（文稿为四川矿产机电技师学院学生原创）。

“技”划人生每一步

年年岁岁花相似，岁岁年年人不同。人生就是过河卒子，只进不退！每个人的一生都是有限的，在有限的时间里，所有人都希望能够达到自己梦想的巅峰。每个人的发展过程都是独特而又丰富多彩的。一生的时间不可以重复，那么在不可重复的今生一定要为自己做好一份详尽的规划，并按照规划好的人生方向前行。作为一名学习技术的职业学校学生，我有一个梦想，那就是成为顶尖的机械技术人员，为了实现这个梦想，我一定要“技”划好我人生的每一步。

第一步：了解自我

1. 个人简介

我是四川矿产机电技师学院机电一体化专业的学生，1997 年出生于四川宜宾翠屏区的一个小村庄。家里穷买不起玩具，于是儿时便自己动手制作各种玩具，例如弹弓、轴承做的小车、木质的手枪等。我的外公可算是一位民间工艺大师，他擅长各种竹编以及木质作品，每逢过节、放假，我都会去向外公学习竹编，外公时不时地也夸奖我编得好，从这一点上，我很自豪地告诉大家我继承了外公爱动手、善动手的优点。

2. 性格特征

可能由于自小家境不富足，我立志要通过自己的努力让自己和家人过得更好。我有较强的上进心，具有吃苦耐劳的精神，并能较快适应环境。我为人诚实，做事细心谨慎，责任心强，具有良好的团队合作精神和沟通能力。个性乐观执着，积极进取，敢于面对困难与挑战。

3. 自身能力

在平时学校生活中，我做过很多兼职。例如销售、派传单、餐厅服务员等，在工作中能吃苦耐劳，尽心尽力，亲身体会了各种工作的不同运作程序和处事方法，并从工作中体会到了许多乐趣，学到了很多团队协作、产品运营的知识。

4. 自身劣势及解决办法

劣势	解决办法
① 与人交往能力欠缺，口语表达能力不够好，与人交谈时沟通不畅，表达不清楚，解释问题常抓不住重点。 ② 做事不够果断，尤其是做决定的时候总瞻前顾后，老是犹豫不决，没有很大的决心。 ③ 性格过于敏感，不能忍受别人对自己的非议和异样的眼光，心胸不够宽广。 ④ 有时候工作不够主动，还有的时候比较拖拉，存在懒惰的心理，做事虎头蛇尾，缺乏领导风范。	① 提高与人交往能力，这要求我多参加学校的活动，多与人接触，多积累经验，努力做到跟陌生的尤其是不同年龄层次的人能大方自然地交流。 ② 做事不要考虑太多，按照目标去完成，尽力做到最好。 ③ 学会宽容，无论对事对人都不要太过于严格，要求太高，学会求同存异。 ④ 尽量多参加集体活动，多与他人合作，在心底建立对合作伙伴的最基本的信任。

第二步：了解就业情况，把握职场变化

1. 专业发展前景分析

我国是制造大国，而设备是企业赖以生存的物质技术基础，设备使用的好坏直接影响企业的生存和发展。随着制造业从加工制造业向装备制造业的升级，我国机械制造业将迎来快速发展，各类专门人才需求将大幅度上升，企业对本专业的人才需求将不断增加。

2. 用人单位要求

（1）专业知识扎实，接受新鲜事物，现代技术等业务能力较强。

（2）动手能力较强。

（3）集体观念较强，有较好的人际关系和团队精神。

（4）有一定的职业素养、职业精神、自学能力。

（5）具有创业精神和创业意识。

第三步：设定职业目标，走上人生巅峰

1. 目标流程

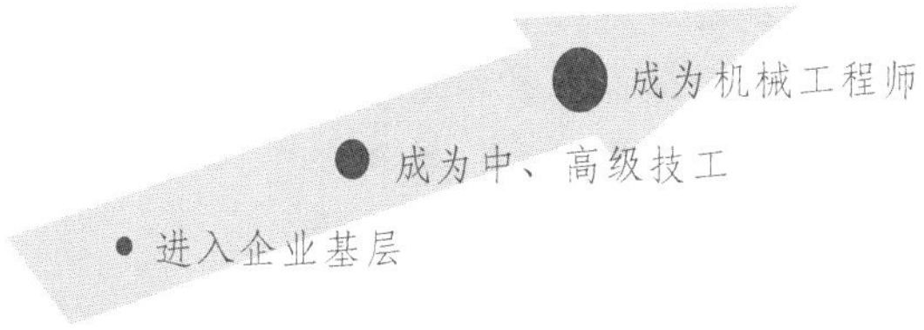

图 1-8　职业规划

2. 分期目标

	目标	计划时间	具体行动
初期目标	初级技工	2015—2020 年（高职毕业前）	在校认真学习每一门课程，以优异的成绩完成学业，掌握好专业知识更重要的是要有过硬的技能，参加各项专业有关的比赛，以赛促学，提高自身专业水平
中期目标	中、高级技工	2021—2025 年（企业实习）	进入企业，从基层做起，向老一辈的技术工人学习高超的技艺，先打好基础，并通过努力争取晋升为高级技工
长期目标	机械工程师	2025 年以后（国家企业）	掌握各种机械类创新技术，不断积累经验、积累人脉以求晋升为高级技工；经过自己坚强不懈的努力，最终实现成为机械工程师的梦想

第四步：实现最终目标，我要这样做

（1）熟练掌握工程制图标准和表示方法。掌握公差配合的选用和标注。

（2）熟悉常用金属材料的性能、试验方法及其选用。掌握钢的热处理原理，熟悉常用金属材料的热处理方法及其选用。了解常用工程塑料、特种陶瓷、光纤和纳米材料的种类及应用。

（3）掌握机械产品设计的基本知识与技能，能熟练进行零部件的设计。熟悉机械产品的设计程序和基本技术要素，能用电子计算机进行零件的辅助设计，熟悉实用设计方法，了解现代设计方法。

（4）掌握制订工艺过程的基本知识与技能，能熟练制订典型零件的加工工艺过程，并能分析解决现场出现的一般工艺问题。熟悉铸造、压力加工、焊接、切（磨）削加工、特种加工、表面涂盖处理、装配等机械制造工艺的基本技术内容、方法和特点并掌握某些重点。熟悉工艺方案和工艺装备的设计知识。了解生产线设计和车间平面布置原则和知识。

（5）熟悉与职业相关的安全法规、道德规范和法律知识。熟悉经济和管理的基础知识。了解管理创新的理念及应用。

（6）熟悉质量管理和质量保证体系，掌握过程控制的基本工具与方法，了解成品质量检测技术。

（7）熟悉计算机应用的基本知识。熟悉计算机数控（CNC）系统的构成、作用和控制程序的编制。了解计算机仿真的基本概念和常用计算机软件的特点及应用。

（8）了解机械制造自动化的有关知识。

第五步：从哪里跌倒，就从哪里爬起

计划固然是好，但更重要的在于其具体实施，并取得成效。这一点时刻都不能忘记。任何目标，只说不做到头来都只会是一场空。然而，现实是未知多变的，定出的目标计划随时都可能受到各方面因素的影响。这一点，每个人都应该有充分的心理准备。因此，在遇到突发因素和不良影响时，要注意保持清醒冷静的头脑，不仅要及时面对、分析所遇到的问题，还应该快速果断地拿出应对的方案，对所发生的事情，能挽救的尽量挽救，不能挽救的要积极采取措施，争取做出最好的处理。这样一来，即使将来的作为和目标相比有所偏差，也不至于相距太远。

为什么会跌倒？	如何爬起？
对工作的期望值过高，对一些工资低的工作不屑一顾，盲目地追求一些脱离自身实际的“高工资、高待遇”的理想工作	选择门槛低一点的职业，然后通过自己努力学一门特长，考取相应的资格证书，从而提高自己的就业砝码
缺乏自信，心理紧张，不能充分将自己的优点体现出来	充分相信自己的能力，与专业相关人士多打交道，积累经验
缺乏主见，做起事情来不够果断，比较犹豫。对需要应聘的企业一无所知	做好相应的准备工作，了解应聘的公司，知己知彼，百战百胜。从而增加自己应聘的信心
在激烈的竞争市场上，好的身体才是工作的保障	根据自己的身体情况选择一门适合自己的专长学精通，通过运动提高自己的身体素质
专业知识不够扎实，专业技能不够过硬	平常多看有关专业知识方面的书籍，加强对机械的兴趣，多实践，多动手操作

结 语

其实，每个人心中都有座山峰，雕刻着理想、信念、追求、抱负。每个人心中都有一片森林，承载着收获、彷徨、失意、磨砺。但是，无论有多少雄心壮志，只要没有付出行动，那么一切都只是镜中花、水中月，可望而不可即。一个人若想成功，必须拿出勇气，付出努力，拼搏，奋斗。成功不相信眼泪；成功不相信颓废；成功不相信幻影。未来只能掌握在自己手中，人生好比是海上的波浪，有时起，有时落，三分天注定，七分靠打拼，爱拼才会赢！

课后思考

1. 职业是怎么产生的？
2. 制造强国与职业教育之间是什么关系？
3. 什么是工匠精神？作为一名职校生应该怎样培养工匠精神？
4. 行业、职业和专业有什么不同？
5. 怎样做好职业生涯规划？

第二章　坚定职业方向　培养岗前意识

一个深广的心灵总是把兴趣的领域推广到无数事物上去。

——黑格尔

书山有路勤为径，学海无涯苦作舟。

——韩　愈

第一节　选准专业　开启人生新篇章

一、职业兴趣是学习的最好老师

古今中外，许多知名人士的成功都始于兴趣。俗话说："兴趣是最好的老师。"一个人只要找准了自己的兴趣点，就能够不断地发挥主观能动性，去求知、探索，坚持初心，百折不挠，不达目的不罢休。

·爱迪生从小爱好实验，最终成为大发明家。

·王羲之从小爱好书法，最终成为大书法家。

·达·芬奇从小喜欢画画，最后成为画家。

·牛顿看到苹果从树上落下，十分好奇，经过仔细研究发现了万有引力。

·匡衡因对读书有浓厚兴趣而凿壁偷光，终于成了一个很有学问的人。

·陈景润因对数论有兴趣，努力研究，在哥德巴赫猜想研究中做出巨大贡献。

每个人都有自己的兴趣。那么，同学们，什么是兴趣呢？

兴趣是指一个人积极探究某种事物的心理倾向。

想一想：当一个人从事自己感兴趣的活动或工作时，会有哪些具体的表现呢？

兴趣的表现：积极探究、集中注意力、思维活跃等。

那么什么又是职业兴趣呢？他和个人兴趣有什么关系呢？我们用一个图来表示，见图 2-1。

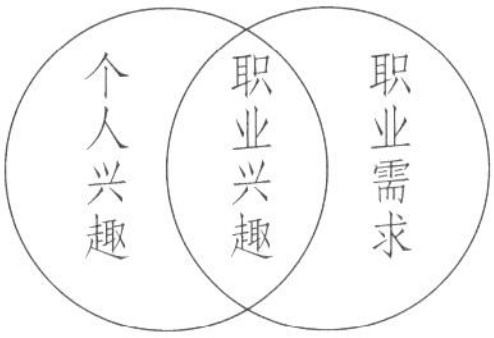

图 2-1　职业兴趣的构成

职业兴趣是指从事某种职业活动中表现出来的特殊个性倾向。它对我们的人生发展具有重要的意义。职业兴趣影响职业定向和职业选择；职业兴趣促进智力开发，挖掘潜力；职业兴趣能够提高工作效率。

如果一个人对自己的职业有浓厚的兴趣，就会在工作中积极探索、刻苦钻研，充分发挥个人才能，最大限度地发挥自己的聪明才智，使职业生涯得到更快发展。

了解自己的职业兴趣，培养自己的职业兴趣，是自己将来事业能否取得成功的关键所在。只有从事自己感兴趣的工作，才可能充分发挥自己的积极性，努力将工作做好，并且能够从工作中得到快乐和满足。因此对某种职业的兴趣如何，是在选择职业时首先应该考虑的。

活动：职业兴趣测试。

职业兴趣测试

第一组：

（1）你喜欢自己动手修理收音机、自行车、缝纫机、钟表、电线开关一类器具吗？（是/否）

（2）你对自己家里使用的电扇、电熨斗、缝纫机等器具的质量和性能了解吗？（是/否）

（3）你喜欢动手做小型的模型（诸如滑翔机、汽车、轮船、建筑模型等）吗？（是/否）

（4）你喜欢与数字、图表打交道（诸如记账、制表、制图）一类的工作吗？（是/否）

（5）你喜欢制作工艺品、装饰品和衣服吗？（是/否）

总计次数

第二组：

（1）你喜欢给别人买东西当顾问吗？（是/否）

（2）你热衷于参加集体活动吗？（是/否）

（3）你喜欢接触不同类型的人吗？（是/否）

（4）你喜欢拜访别人、爱与人讨论各种问题吗？（是/否）

（5）你喜欢在会议上积极发言吗？（是/否）

总计次数

第三组：

（1）你喜欢没有干扰地、有规则地从事日常工作吗？（是/否）

（2）你喜欢对任何事情都预先做周密的安排吗？（是/否）

（3）你善于查阅字典、辞典和资料索引吗？（是/否）

（4）你喜欢按固定的程序有条不紊地工作吗？（是/否）

（5）你喜欢把事物分类和归档的工作吗？（是/否）

总计次数

第四组：

（1）你喜欢倾听别人的难处并乐于帮助别人解决困难吗？　（是/否）

（2）你愿意为残疾人服务吗？　（是/否）

（3）在日常生活中，你愿意给人们提供帮助吗？　（是/否）

（4）你喜欢向别人传授知识和经验吗？　（是/否）

（5）你喜欢有关预防疾病和照顾病人的工作吗？　（是/否）

总计次数

第五组：

（1）你喜欢主持班级集体活动吗？　（是/否）

（2）你喜欢接近领导和老师吗？　（是/否）

（3）你喜欢在人多时当众发表自己的观点和意见吗？　（是/否）

（4）如果老师不在时，你能主动维持班里学习和生活的正常秩序吗？　（是/否）

（5）你具有强烈的责任感和工作魄力吗？　（是/否）

总计次数

第六组：

（1）你特别爱读文学著作中对人内心世界的细致描写吗？　（是/否）

（2）你喜欢听人们谈论他们的活动和想法吗？　（是/否）

（3）你喜欢观察和研究人的心理和行为吗？　（是/否）

（4）你喜欢阅读有关领导人物、政治家、科学家等名人传记吗？　（是/否）

（5）你很想了解世界各国的政治和经济制度吗？　（是/否）

总计次数

第七组：

（1）你喜欢参观技术展览会或收听（收看）技术新消息的节目吗？　（是/否）

（2）你喜欢阅读科技杂志（诸如《我们爱科学》《科学24小时》《科学动态》）吗？（是/否）
（3）你想了解生机勃勃的大自然的奥秘吗？（是/否）
（4）你想了解使用科学精密仪器和电子仪器的工作吗？（是/否）
（5）你喜欢复杂的绘图和设计工作吗？（是/否）
总计次数

第八组：

（1）你想设计一种新的发型或服装吗？（是/否）
（2）你喜欢创作画吗？（是/否）
（3）你尝试着写小说或编剧吗？（是/否）
（4）你很想参加学校宣传队或演出小组吗？（是/否）
（5）你爱用新方法、新途径来解决问题吗？（是/否）
总计次数

第九组：

（1）你喜欢操作机器吗？（是/否）
（2）你很羡慕机械类工程师的工作吗？（是/否）
（3）你想了解机器的构造和工作性能吗？（是/否）
（4）你喜欢交通驾驶一类的工作吗？（是/否）
（5）你喜欢参观和研究新的机器设备吗？（是/否）
总计次数

第十组：

（1）你喜欢从事具体的工作吗？（是/否）
（2）你喜欢做很快就看到产品的工作吗？（是/否）
（3）你喜欢做让别人看到效果的工作吗？（是/否）
（4）你喜欢做那种时间短、但可以做得很好的工作吗？（是/否）
（5）你喜欢做有形的事情（诸如编织、烧饭等）而不喜欢抽象的活动吗？（是/否）

总计次数

统计每组问题回答“是”的总次数，核对次数最多的组次内容。

兴趣类型1——愿意与事物打交道（比如：工具、器具或数字），而不喜欢从事与人和动物打交道的职业。相应的职业有：制图员、修理工、裁缝、木匠、建筑工、出纳员、记账员、会计等。

兴趣类型2——喜欢与人接触，这类人喜欢销售、采访、传递信息一类的活动。相应的职业有：记者、营业员、服务员、推销员等。

兴趣类型3——愿意干有规律的工作：这类人喜欢常规的、有规律的活动，在预先安排的条件下做细致工作。相应的职业有：邮件分拣员、图书馆管理员、办公室职员、档案管理员、打字员、统计员等。

兴趣类型4——愿意从事社会福利和助人的工作：这类人乐意帮助别人，试图改善他人的状况，喜欢独自与人接触。相应的职业有：医生、律师、护士、咨询人员等。

兴趣类型5——愿意做领导和组织工作：这类人喜欢管理工作，爱好掌握一些事情，他们在企事业单位中起着重要的作用。相应的职业有：辅导员、行政人员、管理人员等。

兴趣类型6——愿意研究人的行为：这类人喜欢谈论涉及人的主题，他们爱研究人的行为举止和心理动态。相应的专业有：心理学、政治学、人类学等。

兴趣类型7——愿意从事科学技术事业：这类人喜欢分析的、推理的、测试的活动，长于理论分析，喜欢独立解决问题，也喜欢通过实验获得新发现。相应的专业有：生物、化学、工程学、物理学等。

兴趣类型8——愿意从事抽象性和创造性的工作：这类人喜爱需要有想象力和创造力的工作，爱创造新的式样和概念。相应的职业有：演员、创作人员、设计人员、画家等。

兴趣类型9——愿意做操纵机器的技术工作：这类人喜欢运用一定的技术，操纵各种机械，制造产品或完成其他任务。相应的职业有：机床工、驾驶员、飞行员等。

兴趣类型10——愿意从事具体的工作：这类人喜欢制作看得见、摸得着的产品，希望很快看到自己的劳动成果，他们从完成的产品中得到自我满足。相应的职业有：厨师、园林工、理发师、美容师、室内装饰工、农民、工人等。

职业兴趣不是与生俱来的。个人兴趣与职业不相吻合也不要紧，因为兴趣不是固定不变的，可以通过主观努力去调适和培养。中职生面对的是初次就业，不可能全凭兴趣工作，可以从没有兴趣到有兴趣。同时，在社会、学校和家庭的影响下，随着人生阅历的增加，一个人也可以培养自己的职业兴趣。

〖**案例** 2-1〗

小星从小动手能力强。来到职业学校，所学专业是父母填报的。到校后，他通过多方了解，选择了自己喜欢的电气自动化专业。学习了一段时间后，小星深深地喜欢上了这个专业，上课积极主动，特别是实训课上，他的作业总是做得最好，深受老师的好评，他本人也有了自我认同感。

那么，进入新的学习阶段，我们该如何培养自己的职业兴趣呢?

一个人对职业的认识经历了以下过程，见图2-2。

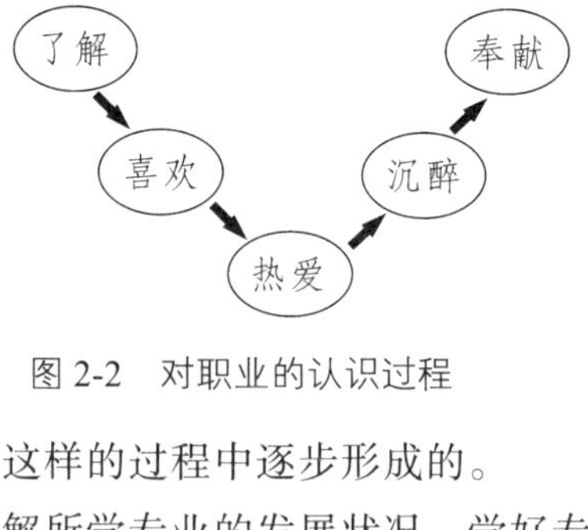

图2-2　对职业的认识过程

职业兴趣也是在这样的过程中逐步形成的。

第一步：深入了解所学专业的发展状况，学好专业课。

第二步：认真做好本职工作，在实践中培养职业兴趣。干一行，爱一行，专一行。

第三步：拓展兴趣范围，确立中心兴趣。

兴趣是在长期的专业学习和社会实践中发展起来的。知识的积累和技能的提高是形成职业兴趣的源泉。

与此同时，我们需要转变观念：在选择职业时，不能一味地追求个人兴趣，还要结合社会发展的需要及个人的性格和能力，例如让张飞去刺绣，林黛玉去打仗，显然是不合适的。

当然，我们在选择社会职业的同时，社会也在选择我们。面对严峻的就业形势，要学会在夹缝中生存，就要学会“先生存、后发展，先就业、再择业”。

职业兴趣的培养需要一个过程，专业知识和专业技能的学习与提高同样需要一个过程，今后的职场路更是一个漫长而辛苦的过程，因此，在这个过程中一定要学会坚持、永不放弃。

二、选择合适专业，开启美好人生

职业学校里都有些什么专业？学了这些专业后能不能顺利就业？我们该怎么选择适合自己的专业呢？这成了大多数学生及家长的困惑。其实，有疑惑是正常的，说明我们都在关注自身的未来发展。

当今时代，我们在选择一个专业的时候，有人看重的是它有没有发展前途，有人看重的是它是否符合自己的兴趣爱好，也有人看重的是它是否热门。

如何正确地选择一个专业？一句话，适合的才是正确的、最好的。因此，我们要从两个基本点来考虑：市场的岗位需求和个人实际能力。前者决定了未来就业的难易程度，后者决定了就业的方向和职业发展。

当前，不同专业的市场人才需求、岗位需求呈现出不同的状态，有的专业人才市场紧缺，毕业生供不应求；而有的专业则可能已经处于饱和状态，就业竞争激烈，毕业生难以找到专业对口的工作。

与此同时，需要注意的是市场人才需求是会变动的，要用发展的眼光看待。因此，不能盲目追求热门专业。或许那些热门专业在这一两年很好就业，但等过了三五年到我们毕业的时候就会无人问津。

个人实际能力方面，有的人动手能力强，有的人动手能力弱；有的人适合读文科，有的人适合读理工科。无论我们读什么专业，要根据自己以往的学习经验来判断，选择一个适合自己特点的专业，这对于以后的发展至关重要，也许就决定了你以后取得成就的高度和人生道路的宽度。

关于选择专业的建议

（1）问自己就业的意向区域是哪里。如果想在珠三角地区工作、发展，建议选择电子方面的专业，因为电子信息业是珠三角的支柱产业。我国的许多著名电子产品都在珠三角地区生产，而且企业数量多，用人需求大，找工作容易，发展前景也很广阔。适合读电子信息类的学生，例如电子商务、会计电算化、工业机器人等专业。

（2）考虑这个专业的竞争力。读技工，就应该避开和高等院校竞争岗位的专业。总体来说技工专业竞争力一般情况下总体弱于本科专业的竞争力。因此可选择一些既有技术含量，又要求动手能力较强的专业，比如说机电一体化、建筑工程管理、数控、电气自动化等专业。

（3）考虑自己的特长。如果觉得自己在某一方面有潜质、有天分，就可以选择相应的专业，这样学起来会得心应手。如果和家人意见不统一，则要处理好家人的不同意见，要平等交流沟通，最后做出一个最佳的选择。

（4）考虑自身的资源。如果你与某一行业有十分密切的关系，可以利用的人脉、信息等资源较多，对于你以后的成功会有很大帮助，则可选择这个专业。

（5）如果以上情况我们都不十分明确，则可考虑一些服务、手艺类的专业，如幼儿教育、旅游管理等。

无论学习什么专业，我们总有毕业的一天。然而，当前的就业形势比较严峻，因此，作为刚刚入校的学生，有必要做一个具体可行的针对自己专业的职业生涯规划。

当然，如果真的很想知道自己适合什么职业，就需要做一下相关的测试了。

霍兰德职业兴趣自测（Self-Directed Search）是由美国职业指导专家霍兰德根据他本人大量的职业咨询经验及其职业类型理论编制的测评工具。

霍兰德认为，个人职业兴趣特性与职业之间应有一种内在的对应关系。根据兴趣的不同，人格可分为研究型（I）、艺术型（A）、社会型（S）、企业型（E）、传统型（C）、现实型（R）六个维度，每个人的性格都是这六个维度的不同程度组合。

霍德兰职业兴趣量表

人格即个性，它与职业有着密切的关系，不同职业对从业者的人格特征的要求是有差距的，如果通过科学的测试，可以预知自己的人格特征，这有助于选择适合于个人发展的职业。您将要阅读的这个“职业价格自测问卷”，可以帮助您做一次简单的人格自评，从而测出自己的人格特征更适合从事哪方面的工作。

请根据对每一题目的第一印象作答，不必仔细推敲，答案没有好坏、对错之分。具体填写方法是，根据自己的情况回答“是”

或“否”。

（1）我喜欢把一件事情做完后再做另一件事。

（2）在工作中我喜欢独自筹划，不愿受别人干涉。

（3）在集体讨论中，我往往保持沉默。

（4）我喜欢做戏剧、音乐、歌舞、新闻采访等方面的工作。

（5）每次写信我都一挥而就，不再重复。

（6）我经常不停地思考某一问题，直到想出正确的答案。

（7）对别人借我的和我借别人的东西，我都能记得很清楚。

（8）我喜欢抽象思维的工作，不喜欢动手的工作。

（9）我喜欢成为人们注意的焦点。

（10）我喜欢不时地夸耀一下自己取得的好成就。

（11）我曾经渴望有机会参加探险。

（12）当我一个人独处时，会感到更愉快。

（13）我喜欢在做事情前，对此事情做出细致的安排。

（14）我讨厌修理自行车、电器一类的工作。

（15）我喜欢参加各种各样的聚会。

（16）我愿意从事工资少但是比较稳定的职业。

（17）音乐能使我陶醉。

（18）我办事很少思前想后。

（19）我喜欢经常请示上级。

（20）我喜欢需要运用智力的游戏。

（21）我很难做那种需要持续集中注意力的工作。

（22）我喜欢亲自动手制作一些东西，从中得到乐趣。

（23）我的动手能力很差。

（24）和不熟悉的人交谈对我来说毫不困难。

（25）和别人谈判时，我总是很容易放弃自己的观点。

（26）我很容易结识同性别朋友。

（27）对于社会问题，我通常持中庸的态度。
（28）当我开始做一件事情后，即使碰到再多的困难，我也要执着地干下去。
（29）我是一个沉静而不易动感情的人。
（30）当我工作时，我喜欢避免干扰。
（31）我的理想是当一名科学家。
（32）与言情小说相比，我更喜欢推理小说。
（33）有些人太霸道，有时明明知道他们是对的，也要和他们对着干。
（34）我爱幻想。
（35）我总是主动地向别人提出自己的建议。
（36）我喜欢使用榔头一类的工具。
（37）我乐于解除别人的痛苦。
（38）我更喜欢自己下了赌注的比赛或游戏。
（39）我喜欢按部就班地完成要做的工作。
（40）我希望能经常换不同的工作来做。
（41）我总留有充裕的时间去赴约会。
（42）我喜欢阅读自然科学方面的书籍和杂志。
（43）如果掌握一门手艺并能以此为生，我会感到非常满意。
（44）我曾渴望当一名汽车司机。
（45）听别人谈“家中被盗”一类的事，很难引起我的同情。
（46）如果待遇相同，我宁愿当商品推销员，而不愿当图书管理员。
（47）我讨厌跟各类机械打交道。
（48）我小时候经常把玩具拆开，把里面看个究竟。
（49）当接受新任务后，我喜欢以自己的独特方法去完成它。
（50）我有文艺方面的天赋。

（51）我喜欢把一切安排得整整齐齐、井井有条。

（52）我喜欢当一名教师。

（53）和一群人在一起的时候，我总想不出恰当的话来说。

（54）看情感影片时，我常禁不住红了眼眶。

（55）我讨厌学数学。

（56）在实验室里独自做实验会令我寂寞难耐。

（57）对于急躁、爱发脾气的人，我仍能以礼相待。

（58）遇到难解答的问题时，我常常放弃。

（59）大家公认我是一名勤劳踏实的、愿为大家服务的人。

（60）我喜欢在人事部门工作。

职业人格的类型：（符合以下“是”或“否”答案的记 1 分，不符合的记 0 分）

常规型：“是”（7，19，29，39，41，51，57），“否”（5，18，40）

现实型：“是”（2，13，22，36，43），“否”（14，23，44，47，48）

研究型：“是”（6，8，20，30，31，42），“否”（21，55，56，58）

管理型：“是”（11，24，28，35，38，46，60），“否”（3，16，25）

社会型：“是”（26，37，52，59），“否”（1，12，15，27，45，53）

艺术型：“是”（4，9，10，17，33，34，49，50，54），“否”（32）

请将得分最高的三种类型从高到低排列，得出一个（或两个）三位组合答案，再对照“人格类型与职业环境的匹配”（表 2-1）得出人格类型所匹配的职业。

表 2-1　人格类型与职业环境的适配

研究型I	具有分析、谨慎、批评、好奇、独立、聪明、内向、条理、谦逊、精确、理性、保守的特征，表现为： （1）喜爱研究性的职业或情境，避免企业性的职业或情境。 （2）用研究的能力解决工作及其他方面的问题，即自觉、好学、自信，重视科学，但缺乏领导方面的才能	科研人员：数学、生物方面的专家
艺术型A	具有复杂、想象、冲动、独立、直觉、无秩序、情绪化、理想化、不顺从、有创意、富有表情、不重实际的特征，表现为： （1）喜爱艺术性的职业或情境，避免传统性的职业或情境。 （2）富有表达能力和直觉、独立、具创意、不顺从（包括表演、写作、语言），并重视审美的领域	诗人 艺术家
社会型S	具有合作、友善、慷慨、助人、仁慈、负责、圆滑、善社交、善解人意、说服他人、理想主义等特征，表现为： （1）喜爱社会型的职业或情境，避免实用性的职业或情境，并以社交方面的能力解决工作及其他方面的问题，但缺乏机械能力与科学能力。 （2）喜欢帮助别人、了解别人，有教导别人的能力，且重视社会与伦理的活动与问题。	教师 牧师 辅导人员
企业型E	具有冒险、野心、独断、冲动、乐观、自信、追求享受、精力充沛、善于社交、获取注意、知名度等特征，表现为： （1）喜欢企业性质的职业或环境，避免研究性质的职业或情境，会以企业方面的能力解决工作或其他方面的问题能力。 （2）冲动、自信、善社交、知名度高，有领导与语言能力，缺乏科学能力，但重视政治与经济上的成就	推销员 政治家 企业家
传统型C	具有顺从、谨慎、保守、自控、服从、规律、坚毅、务实稳重、有效率、缺乏想象力等特征，表现为： （1）喜欢传统性质的职业或环境，避免艺术性质的职业或情境，会以传统的方式解决工作或其他方面的问题。 （2）喜欢顺从、有规律，有文书与数字能力，重视商业与经济上的成就	出纳 会计 秘书

人们通常倾向选择与自我兴趣类型匹配的职业环境，如具有现实型兴趣的人希望在现实型的职业环境中工作，可以最好地发挥个人的潜能。但职业选择中，个体并非一定要选择与自己兴趣完全对应的职业环境。一则因为个体本身常是多种兴趣类型的综合体，单一类型显著突出的情况不多，因此评价个体的兴趣类型时也时常以其在六大类型中得分居前三位的类型组合而成，组合时根据分数的高低依次排列字母，构成其兴趣组型，如 RCA、AIS 等；二则因为影响职业选择的因素是多方面的，不完全依据兴趣类型，还要参照社会的职业需求及获得职业的现实可能性。因此，职业选择时会不断妥协，寻求相近职业环境，甚至相隔职业环境，一旦做出了选择，个体需要逐渐适应新的工作环境。但如果个体寻找的是相隔的职业环境，意味着所进入的是与自我兴趣完全不同的职业环境，则我们工作起来可能难以适应，或者难以做到工作时觉得很快乐，相反，甚至可能每天工作得很痛苦。

（更多详细信息可以参考网址：http：//www.apesk.com/holland/index.html）

第二节　培养岗前意识　走向精彩职场

一、职场的必备素质

进入职场，我们首先要在心态上完成从学生到职员的转变。作为一名职场新人，想要走出校园顺利地找到一份心仪的工作并不是一件简单的事情，职场上的基本素质是我们必须要具备的。下面我们一起来看看有哪些职场基本素质是必需的。

1. 勤奋务实

一企业部门主管这样评价部门两个新人："其中一个名校毕业的新人透着一股聪明劲，夸夸其谈，开始比较引人注意，我就有意给他锻炼一下，结果一段时间下来，发现此人不踏实，一碰到烦琐的事就往后躲，最大的毛病是懒，能写 50 个字决不写 51 个，很快就被淘汰了。而另外一个职业院校毕业的新人，看起来不是非常聪明，但后来发现他很勤奋，很快适应了环境，结果在我们那里发展得最好。所以，作为一个职场新人，勤快点总没有错，最忌讳的是眼高手低又懒惰。"

图 2-3　学生备战电子商务创业大赛

2. 谦虚好学

作为新人，不管你的专业技能有多熟练，在工作中也要带着一种谦虚好学的态度与人相处，"少说话多做事"无疑是一个好方法。虽说初生牛犊不怕虎，但是对刚参加工作的新人来说，迫不及待地把自己的想法全盘托出并不是一个明智的选择。工作成绩才是最好的竞争武器。

图 2-4　学生电子项目 CAD 教学

3. 沟通合作

俗话说：“一根筷子易折断，一把筷子抱成团。”一个人的本领再强大也抵不过一群人的团结。对于初入职场的新人来说，更是要学会与人沟通，快速融入集体。对待身边的同事应该友善，看到这种态度积极的新员工，其他同事也会很愿意接受你，并给予你同等的友善。这样不仅有利于新员工熟悉环境，也有利于新员工的成长。团队合作精神也就这样慢慢地培养起来了。

图 2-5　ERP 沙盘模拟教学

4. 创新能力

企业需要具有创新能力的人。李开复在给中国学生的一封信中曾这样描述："仅仅勤奋好学，在今天已经远远不够了。因为最好的企业需要的人才既掌握了丰富的知识，又具备独立思考和解决问题的能力，善于自学和自修，并可以将学到的知识灵活运用于生活和工作实践，时时不忘创新，以创新推动实践，以创新引导实践。只有这样，我们才能不断研发出卓越的产品。"

图 2-6　计算机微软创新杯大赛现场

5. 应变能力

企业需要那种具有高度灵活应变能力的人，即"听得认真，写得明白，看得仔细，说得清楚"。

这种考察反映在面试中，最大的可能性就是考官给你一个模拟的场景，让你做出一些判断和决策，以考查应聘者的灵活应变能力。西门子（中国）有限公司人力资源部招聘顾问邹加认为：考官有时也会故意用一些很诡异的问题来刁难应聘者，这个时候，最重要的就是保持一颗平常心，不要慌乱，停顿 5~10 秒钟整理一下思路，然后大胆地说出自己的观点。其实，答案是其次的，考官主要考查的还是应聘者的应变能力和逻辑思维能力。有人一看回答不上来就慌神了，显然，这样的面试表现是失败的。

图 2-7　汽车发动机拆装

6. 职业道德

图 2-8　学生点钞大赛

一个成熟的企业更多考虑的往往是员工道德品质方面的素质，尤其是诚信意识、奉献精神和责任感。一些外企在团队面试前都会要求应聘者签下保密协议或做出口头承诺，防止案例外泄。尽管如此，还是会有一些毕业生将面试内容以“笔试经验”“面试心得”等形式公布在网上，给公司的招聘工作造成损失。2007 年，著名外企玛氏在第一轮面试后，发表了致参加者的一封信，表明会在充分调查的基础上对分享了面试题目的应聘者做出取消面试资格的处理，并表示：“无论事情是大是小，原则问题不可以马虎，希望我们都能从小事做起，一起为创造健康、公平的就业环境而努力！”

7. 敬业精神

优秀的企业，尤其是世界 500 强企业非常注重实效、注重结果，因此敬业精神是不可或缺的。有了敬业精神，其他素质就相对容易培养了。

图 2-9　汽车底盘维修

毕业生要想适应当今的职场环境，就必须具备明确的工作目标和强烈的责任心，带着激情去工作，踏实有效地完成自己的本职工作。工作态度很大程度上能够决定一个人的工作成果，有良好的态度才有可能塑造一个值得信赖的形象，获得同事、上司及客户的信任。

刚刚走入社会的新人，我们带着忐忑、带着希望走进职场，还有很多需要我们学习的知识，努力去奋斗吧！

知识拓展：

1. 走入职场的10个“心”

爱心、热心、责任心、上进心、耐心、关心、恒心、奉献心、包容心和平常心。

2. 快速升职需要“十个Q”

（1）德商（MQ）：指一个人的道德人格品质。德商的内容包括体贴、尊重、容忍、宽容、诚实、负责、平和、忠心、礼貌、幽默等各种美德。

（2）智商（IQ）：是一种表示人智力高低的数量指标。也可以表现为一个人对知识的掌握程度，反映人的观察力、记忆力、思维力、想象力、创造力以及分析问题和解决问题的能力。

（3）情商（EQ）：指管理自己的情绪和处理人际关系的能力。

（4）逆商（AQ）：指面对逆境承受压力的能力，或承受失败和挫折的能力。

（5）胆商（DQ）：是一个人胆量、胆识、胆略的度量，体现了一种冒险精神。胆商高的人能够把握机会。成功的商人、政客，普遍都具有非凡胆略和魄力。

（6）心商（MQ）：就是维持心理健康、缓解心理压力、保持良好心理状况和活力的能力。心商的高低，直接决定了人生过程的苦乐，一定程度决定了人生成功的可能性。

（7）志商（WQ）：指一个人的意志品质水平，包括坚韧性、目的性、果断性、自制力等方面。

（8）灵商（SQ）：就是对事物本质的顿悟能力和直觉思维能力。

（9）财商（FQ）：指理财能力，特别是投资收益能力。财商是一个人最需要的能力，但往往会被人们忽略。

（10）健商（HQ）：是指个人所具有的健康意识、健康知识和健康能力的反映。

3. 毁坏你人生的九大消极心态

（1）畏惧：面对困难缩头缩脚，没有目标或对自己、公司的目标缺乏信心，不敢接受任务和挑战。

（2）愤怒：因假想的对立或莫名的原因而产生极大的痛苦与敌意。

（3）冷漠：事不关己，高高挂起，脸色整天阴云密布。

（4）紧张：头脑、身体和情绪处于焦虑和不安的状态。

（4）忧虑：对可能出现的困难、任务或问题感到寝食难安。

（5）敌意：对立或反抗的行为，过于强烈的厌恶感。

（6）嫉妒：对团队、他人的成就或优秀素质心生不满甚至感到气愤。

（7）贪婪：无休止、无节制地追求享受、金钱、地位、名誉或权力。

（8）自私：从自身利益出发，全然不顾他人的感受。

（9）麻木：得过且过，没有兴趣和热情。

4. 成就人生的十大积极心态

（1）执着：对个人、企业和团队目标、价值观坚定不移的信念。

（2）挑战：勇敢地挺身而出，积极地迎接变化和新的任务。

（3）热情：对自己的工作以及公司的产品、服务、品牌和形象具有强烈的感情和浓厚的兴趣。

（4）奉献：全心全意完成工作或处理事务。

（5）激情：始终对未来充满憧憬和希望，全力以赴地投入当前工作。

（6）愉快：心情愉悦，保持微笑，并分享成功。

（7）爱心：助人为乐，爱人爱己。

（8）自豪：因为自身价值或团队成绩而深感荣耀。

（9）渴望：强烈的成功欲望。

（10）信赖：相信他人和集体的素质、价值和可靠性。

二、塑造专业形象，走进我的职场

（一）塑造职场形象

请你选一选：

（1）90%的人会在与你相见的前几分钟对你形成第一印象？

A. 前 20 分钟　　B. 前 40 分钟

C. 前 10 分钟　　D. 前 10～40 秒

（2）心理学家发现，在人们的交流沟通中，非语言的信息交流占有相当高的比例，在你留给别人的印象分中，非语言信息包括你的穿衣、举止、面部、表情等，它们占下面的哪个百分数？

A. 20%　　B. 50%　　C. 78%　　D. 93%

也许有人会问："这些和我的工作有什么关系呢？"

以前人们总觉得外在形象不重要，内在的修养才最重要。然而随着现代职业的发展，越来越多的人内外兼修，才貌双全，因此形象也变得越来越重要，如果我们在职场中不注意形象，就会无形中给自己减分。一个人无论从事什么样的职业，都需要展示其专业性，这就需要特有的专业形象。

那么，什么是形象？什么是职场形象？

从心理学的角度来看，形象就是人们通过视觉、听觉、触觉、味觉等各种感觉器官在大脑中形成的关于某种事物的整体印象。

简而言之，形象是一个认知过程；形象是他人对一个人的判断。

职业形象是指个人职场气质的符号，包括仪容（外貌）、仪表（服饰）、仪态（言行举止）和修养、气质、风度六个方面的内容。其中最为讲究的是个人形象与职业的搭配。

那么职场中都有哪些形象礼仪呢？

1. 发型

在职场中，男性的头发要尽量短一些，把前额露出来，耳朵前面的鬓角也要剪短，不要挡住耳朵，这样的发型会显得人比较精神。

图 2-10　汽车维修专业学生在实习

同理，女性的短发也会显得人比较精神。如果喜欢留长发，就要把头发扎起来，或者是将头发盘起来，不要披头散发。耳朵要露出来，这样会显得比较干练。

图 2-11　旅游管理专业学生在实习

一个成熟的职场人，尽量不要去染五颜六色的头发，那样会让人感觉这个人不踏实，不要弄一些太具个性的造型让人感觉不郑重、不成熟。不管是什么职位，都要保持头发的清洁，最好每隔一天洗一次头发。

2. 妆容

除了发型以外，面部的妆容在个人形象中也占据着很大的比例，毕竟在求职面试、业务沟通中人们看得最多的还是脸部。

男性的面部妆容相对比较简单，但是也需要适当的护理，好的形象，可以给我们的职场加分很多。如果男性的眉毛过浓过重，可以定期到美容院进行修理；鼻毛较长的男性也要注意修剪，胡子也要定期处理，否则会给人一种很邋遢的感觉；男性要注重使用护肤品，避免皮肤干燥、嘴唇干裂。

图 2-12 职场形象

相比较而言，女性的面部妆容就显得比较复杂了。每天早晨，化一点淡淡的妆，不仅是对自己的一种尊重，也是对他人的一种尊重。但是切忌浓妆艳抹，不要用色彩太过鲜艳的产品，颜色搭配要合理。比如，眼影、唇彩和指甲油的颜色要根据自己的皮肤特点，选择和皮肤相吻合的颜色。如果眼影用的是浅粉色，嘴唇涂了亮紫色，手指抹了亮绿色的指甲油，那整个人看起来会很奇怪。

凡事都要把握一个度，在面部妆容这方面，可以清晰地体现出来。过素会让别人觉得不受尊重，过浓会显得自己有些夸张。面部妆容的学习也是一个漫长的过程，需要我们根据自己本身的面部特点，慢慢找到符合自己气质的妆容。

3. 姿势

图 2-13　引导手势礼仪

（1）端正地站。

挺胸，抬头，收腹，目视前方，形成一种端正、挺拔、优美、典雅的气质美。

图 2-14　站姿礼仪

（2）稳重地坐。

在正式的场合，一般不要坐满整张椅子，更不能舒舒服服地靠在椅背上。正确的做法是坐满椅子的 2/3 处，背部挺直，身体稍向前倾，表示尊重和谦虚。

女士的膝盖一定要并起来，不可以分开，防止走光。

男士不必像女士那么拘束，膝盖可以稍微分开些，但不宜超过肩宽。

不管男士女士，当跷腿的时候，都要注意收紧上面的腿，脚尖下压，绝不能以脚尖指向别人，或者上下抖动。

图 2-15 坐姿礼仪

（3）优雅地走。

走路的姿势往往最能体现一个人是否有信心。

正确的走路姿势要做到轻、灵、巧。男士要稳定、矫健；女士要轻盈、优雅。

走路时，身体应当保持正直，不要过分摇摆，也不要左顾右盼，两眼平视前方，两腿有节奏地交替向前、步履轻捷不要拖拉、两臂在身体两侧自然摆动。

（4）专注的目光。

“眼睛是心灵的窗户”，交际中经常用目光进行必要的信息、情感交流，目光是否运用得当，会直接影响沟通的效果。

目光是人在交往时，一种深情的、含蓄的无声语言，往往可以表达有声语言难以表现的意义和情感。它在很大程度上能如实反映一个人的内心世界。一个良好的交际形象，目光应是坦然、亲切、和蔼、有神的。

注视时间：在整个交谈过程中，与对方目光接触应该累计达到全部交谈过程的 50% ~ 70%，其余 30% ~ 50%的时间，可注视对方脸部以外 5 ~ 10 米处，这样会显得自然、有礼貌。

注视区域：场合不同，注视的部位也不同。一般分为公务凝视、社交凝视、亲密凝视。

公务凝视。在洽谈、磋商、谈判等严肃场合，目光要给人一种严肃、认真的感觉。注视的位置在对方双眼或双眼与额头之间的区域。

社交凝视。这是在各种社交场合使用的注视方式。注视的位置在对方唇心到双眼之间的三角区域。

亲密凝视。这是亲人、恋人、家庭成员之间使用的注视方式。凝视的位置在对方双眼到胸之间。

无论是使用公务凝视、社交凝视或是亲密凝视，都要注意不可将视线长时间固定在所要注视的位置上。这是因为，人本能地认为，过分地被人凝视是在窥视自己内心深处的隐私。所以，双方交谈时，应适当地将视线从固定的位置上移动片刻。这样能使对方心理放松，感觉平等，易于交往。

（5）微笑。

美国希尔顿酒店的董事长唐纳·希尔顿曾经说过：“酒店的第一流设备重要，而第一流的微笑更为重要。如果缺少服务人员的微笑，就好比花园失去了春日的阳光和春风。”

微笑的定义：轻微的笑，略带笑容，是不显著、不出声的一种笑。双唇轻启，牙齿半露，眉梢上推，脸部肌肉平缓向上向后舒展。

练一练：

微笑的面部表情标准

（1）面部表情和蔼可亲，伴随微笑自然地露出上 8 颗牙齿，嘴角微微上翘；微笑注重“微”字，笑的幅度不宜过大。这也是不成文的“工业化标准”，必须在员工和顾客面对面 3 米左右“能见度”内。

（2）微笑时真诚、甜美、亲切、善意、充满爱心。

（3）口眼结合，嘴唇、眼神含笑。

微笑的温度：

一度微笑像春天里的太阳让人感觉身心舒畅。

二度微笑要轻轻扬起自己的嘴角，让笑意荡漾在眼底，像冬日里的暖阳，给人无限的温暖。

三度微笑就是传说中的“八颗牙微笑”，笑起来像夏天似火的骄阳一般热情灿烂。

（二）走进职业现场

通过几年的刻苦努力，在学习了专业知识和技能后，学生便会离开校园、踏入职场，成为一名“职员”。因此，学生在毕业之前，也要提前了解职场文化，感受职场氛围，做好综合素养上的准备，以便顺利地走上工作岗位。下面，让我们去职业相关现场走一走吧！

1. 熟悉实训基地

作为职校生，我们学习的是专业技能，那么在校学习期间就离不开专业技能的实训操作。以下是一些专业的实训基地。

图 2-16　建筑专业测绘实训基地

图 2-17　数控专业实训基地

图 2-18　机床电气控制实训室

图 2-19　单片机应用技术实训室

2. 感知实训现场

通过专业课的学习后，学生在实训基地全神贯注地进行实际操作，真正做到教学练合一。

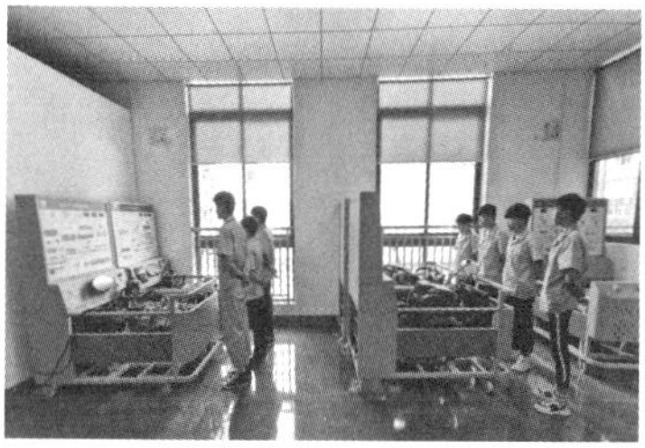

图 2-20　汽车发动机（台架）实训室

图 2-21　综合电路实训室

图 2-22　PLC 控制系统组装与调试实训室

图 2-23　电动机继电控制实训室

3. 走进职场

学生掌握了一定的专业知识和专业技能，毕业后在工作岗位上展示出当代职校生的风采。

图 2-24　部分学生校外实习

4. 就业前的准备

（1）心理准备：完成从学生到职场人、社会人的转变。

（2）信息准备：求职渠道、就业行业、面试流程。

（3）资料准备：求职简历、证书复印件（扫描件）、服装。

（4）其他准备。

走进学校，总有毕业的一天；走入社会，学无止境。作为职业学校的新生，我们要把握时光，学好本领，在职场上去打拼自己的未来！

课后思考

1. 如何选择自己的职业方向，做好人生规划？

2. 将你设计的形象用相机记录下来，请你的父母、老师、朋友点评一下你的职业形象。

3. 怎样才能真正做到全面提升自己的职业素养，熟悉专业发展，塑造专业形象？

第三章　规范个人行为　提升自我素质

行为习惯养得好，终生受其益，行为习惯养得不好，终生受其累。

——陈鹤琴

播下一个行动，收获一种习惯；播下一种习惯，收获一种性格；播下一种性格，收获一种命运。

——威廉·詹姆士

2004 年，中共中央、国务院发布了《关于进一步加强和改进未成年人思想道德建设的若干意见》（中发〔2004〕8 号），其中明确指出未成年人思想道德建设的四项主要任务之一是“从规范行为习惯做起，培养良好道德品质和文明行为”，对中学生教育的重点就是规范其基本的言行举止，培养良好的行为习惯。由此可见，良好行为习惯的培养是非常重要的。

我国著名的教育家叶圣陶先生曾经说过：“教育就是培养习惯。”教育的关键不仅仅是传授知识，更重要的是教会做人，成功的教育就是要从良好行为习惯的养成开始。中职学生日常良好行为习惯的养成教育是中国特色社会主义新时代发展的要求，是新时期中等职业学校教育发展的需要，是有效地促进中职学生提升自我素质的教育。

第一节 爱国守法 提高思想境界

爱国守法是公民的基本道德规范之一。爱国守法主要指爱国主义和遵纪守法，强调公民应培养高尚的爱国主义精神，自觉地学法、懂法、用法、守法和护法。爱国主义的基本内容是：热爱祖国，建设祖国，保卫祖国，捍卫祖国统一。守法，就是指按照法律规范进行活动，即全体公民依照法律规范行使权利，履行义务。守法是爱国的基本要求，爱国首先体现在遵守国家法律上。

一、热爱祖国

〖传统文化故事——岳母刺字：精忠报国〗

九百多年以前，河南省汤阴县岳家庄的一户农民家里生了一个小男孩。他的父母想：“给孩子起个什么名字好呢？”就在这时，一群大雁从天空飞过，父母高兴地说：“好，就叫岳飞。愿吾儿像这群大雁，飞得又高又远。”

岳飞出生不久，黄河决口，滚滚的黄河水把岳家冲得一贫如洗，生活十分艰难。岳飞虽然从小家境贫寒，食不果腹，但他受母亲的严教，性格倔强，为人刚直。

岳飞十五六岁时，北方的金人南侵，宋朝当权者腐败无能，节节败退，国家处在生死存亡的关头。岳飞投军抗金。不久因父丧，退伍还乡守孝。

1126年，金兵大举入侵中原，岳飞再次投军。临行前，岳母把岳飞叫到跟前，说：“现在国难当头，你有什么打算？”“到前线杀敌，精忠报国！”岳母听了儿子的回答，十分满意，“精忠报国”正是母亲对儿子的希望。她决定把这四个字刺在儿子的背上，让他永远铭记在心。

岳飞解开上衣，露出瘦瘦的脊背，请母亲下针。岳母问：“孩子，针刺是很痛的，你怕吗？”岳飞说：“母亲，小小钢针算不了什么，如果连针都怕，怎么去前线打仗！”岳母先在岳飞背上写了字，然后用绣花针刺了起来。刺完之后，岳母又涂上醋墨。从此，“精忠报国”四个字就永不褪色地留在了岳飞的后背上。母亲的鼓舞激励着岳飞。岳飞投军后，很快因作战勇敢升秉义郎。这时宋都开封被金军围困，岳飞随副元帅宗泽前去救援，多次打败金军，受到宗泽的赏识，称赞他“智勇才艺，古良将不能过”，后来岳飞成为著名的抗金英雄，为历代人民所敬仰。

讨论：故事中有哪些值得我们学习的优秀品德？

爱国主义是个人或集体对祖国的一种积极和支持的态度，集中表现为民族自尊心和民族自信心，为保卫祖国和争取祖国的独立富强而献身的奋斗精神，它体现了人们对自己祖国的深厚感情。爱国是对每个人最基本的道德要求，是每个人都应当自觉履行的责任和义务，是每个人对祖国的报答。作为一名中职学生，我们要继承爱国主义的优良传统，热爱祖国的领土、领空、领海，保卫祖国的安全，争取早日实现祖国统一；把对祖国的忠诚，同对社会主义制度的热爱和为建设有中国特色的社会主义现代化而奋斗终生的奉献精神结合起来，以热爱祖国为荣，以危害祖国为耻，做一名爱国者！

作为中职生，我们应该如何做到热爱祖国？

首先，我们要热爱祖国的大好河山和灿烂文化，对祖国怀有最真挚的情感，对国家和民族有强烈自尊心、自信心和责任感；其次，我们要热爱中国人民，热爱我们的骨肉同胞，爱我们的兄弟姐妹，坚持以人民为中心的立场，坚持“为人民服务”的思想，紧紧地和人民群众站在一起；最后，我们应该在实践中报效祖国，为中国梦的实现贡献自己的力量，将爱国之心化作自己的实际行动，做到言行一致，成为一名真正的爱国者。

〖活动：诗朗诵〗

我骄傲，我是中国人

王怀让

在无数蓝色的眼睛和褐色的眼睛之中，
我有着一双宝石般的黑色眼睛。
我骄傲，我是中国人！
在无数白色的皮肤和黑色的皮肤之中，
我有着大地般黄色的皮肤，
我骄傲，我是中国人！
我是中国人——
黄土高原是我挺起的胸脯，
黄河流水是我沸腾的热血；
长城是我扬起的手臂，
泰山是我站立的脚跟。
我是中国人
我的祖先最早走出森林，
我的祖先最早开始耕耘。
我是指南针、印刷术的后裔，
我是圆周率、地动仪的子孙。
在我的民族中，
不光有史册上万古不朽的
孔夫子，司马迁，李自成，孙中山，
还有那文学史上万古不朽的
花木兰，林黛玉，孙悟空，鲁智深。
我骄傲，我是中国人！

我是中国人——
在我的国土上，
不光有雷电击不倒的
长白雪山、黄山劲松，
还有那风雨不灭的
井冈传统、延安精神！
我是中国人——
我那黄河一样粗犷的声音，
不光响在联合国的大厦里，
大声发表着中国的议论，
也响在奥林匹克的赛场上，
大声高喊着“中国得分”。
当掌声把中国的旗帜送上蓝天，
我骄傲，我是中国人！
我是中国人——
我那长城一样的巨大手臂，
不光把采油机钻杆钻进
外国人预言打不出石油的地心，
也把通信卫星送上祖先们
梦里也没有到过的白云。
当五大洋倾听东方声音的时候，
我骄傲，我是中国人。
我是中国人——
我是莫高窟壁画的传人，
让翩翩欲飞的壁画与我们同往。
我就是飞天，
飞天就是我。
我骄傲，我是中国人！

讨论：

（1）请你朗诵后，谈谈自己的感受。

（2）请你搜集表达爱国情感的诗歌，分享给大家。

二、遵纪守法

〖传统文化故事——赵奢收税〗

春秋战国时期，赵国大将赵奢是个足智多谋的人，他英勇善战，建立了显赫的功勋。赵惠文王封赵奢为马服君，官列上卿。赵奢原来是一个普通的收取田税的官吏。他对赵王一片忠心，收税时大公无私，一视同仁。有一次，他来到惠文王之弟、平原君赵胜家收取田税，但是赵胜的管家仗势欺人，戏弄赵奢，拒付税款。赵奢并不怕赵胜的权势，他毫不客气地果断处理了这件事，且依照赵国法令杀了那些无事生非的闹事者。赵胜听说后，怒气冲天，一定要赵奢抵命，以显示他的权势。赵奢得知赵胜的想法后，马上去找了赵胜，真心诚意地对他说："您是赵国栋梁之材，是受朝廷重用的大官。应该遵守国家法令，以昭示天下百姓。而现在您的管家却依靠您的权势，公然违反国家法令。如果百姓都拒不付税，那么天下还会太平吗？国家还会富强吗？到那时候，您还会有现在这样显赫的地位？但是，您要是能够奉公守法，那么百姓也会以您为榜样，天下就会稳定，国家就会富强，您怎么能轻视呢？"赵胜听了这番话，惭愧万分。继而转怒为喜，将赵奢保举给赵惠文王，赵王封了他一个掌管整个赵国税收的官。赵奢上任后，没有仗着权势欺压百姓，仍然公正、无私地处理一切事务。后来，赵奢又被赵王任命为大将，为赵国建立了很多战功。

讨论：故事中有哪些值得我们学习的优秀品德？

国无法不治，民无法不立。遵纪守法要求社会中的每个成员都要遵守法律和纪律。人人守法纪，凡事都依法纪，则国家安宁，社会发展。倘若没有法纪的约束，各项正常的秩序就无法保证，人们生活的环境就会遭到破坏，百姓就不可能安居乐业。遵纪守法是每个公民必须遵循的行为规范，是每个公民应尽的社会责任，是现代社会公民的基本素质。“以遵纪守法为荣、以违法乱纪为耻”，在校的中职学生，不仅要学法、知法、守法、用法，还要遵守校规校纪。

〖**知识链接**〗

中职学生日常行为规范——遵规守纪

（1）遵守国家法律，不做法律禁止的事。

（2）遵守交通法规，不闯红灯，不违章骑车，过马路走人行横道，不跨越隔离栏。

（3）遵守公共秩序，乘公共交通工具主动购票，给老、幼、病、残、孕及师长让座，不争抢座位。

（4）爱护公用设施、文物古迹，爱护庄稼、花草、树木，爱护有益动物和生态环境。

（5）遵守网络道德和安全规定，不浏览、不制作、不传播不良信息，慎交网友，不进入营业性网吧。

（6）珍爱生命，不吸烟，不喝酒，不滥用药物，拒绝毒品。不参加各种名目的非法组织，不参加非法活动。

（7）公共场所不喧哗，瞻仰烈士陵园等相关场所保持肃穆。

（8）观看演出和比赛，不起哄滋扰，做文明观众。

（9）按时到校，不迟到，不早退，不旷课。

（10）上课专心听讲，勤于思考，积极参加讨论，勇于发表见解。

（11）认真预习、复习，主动学习，按时完成作业，考试不作弊。

（12）积极参加生产劳动和社会实践，积极参加学校组织的其他活动，遵守活动的要求和规定。

（13）认真值日，保持教室、校园整洁优美。不在教室和校园内追逐打闹喧哗，维护学校良好秩序。

（14）爱护校舍和公物，不在黑板、墙壁、课桌、布告栏等处乱涂改刻画。借用公物要按时归还，损坏东西要赔偿。

（15）遵守宿舍和食堂的制度，爱惜粮食，节约水电，服从管理。

第二节　诚信友善　和谐人际关系

诚信与友善是中国特色社会主义核心价值观的重要内容，是中职生必须恪守的基本道德准则，也是评价中职生道德行为选择的重要价值标准。诚信即诚实守信，是中华民族千百年来传承的优良传统，是社会主义道德建设的重点内容，它要求人们诚实正直、信守承诺、诚恳待人；友善则强调人们之间应相互尊重、相互关心、相互帮助，努力形成社会主义的和谐的人际关系。

一、诚实守信

〖传统文化故事——季布：一诺千金〗

秦朝末年，在楚地有一个叫季布的人，性情耿直，乐于助人。只要是他答应过的事情，无论有多大困难，都设法办到。他也因此受到大家的赞扬。于是楚地流行谚语“得黄金百斤，不如得季布一诺”。楚地有个叫曹丘的先生，专爱结交有权势的官员，借以炫耀和抬高自己。他与窦长君略有交情。季布曾写信劝窦长君说：“我听说曹丘先生不是品德高尚的人，您不要和他来往。”曹丘先生为了结识季布，请窦长君写封信举荐他去拜见季布，窦长君说：“季将军不喜欢您，您不要去。”曹丘还是坚持启程去准备拜见季布。曹丘把窦长君的介绍信送给季布，季布对曹丘不冷不热，曹丘一进厅堂，就对季布作了个揖吹捧道：“楚人有句谚语说：‘得到黄金百斤，比不上得到季布的一句诺言。’您怎么能在梁、楚一带获得这样的声誉呢？再说我是楚地人，您也是楚地人。我如果到处宣扬您的美名，您的好名声天下人都知道，难道我对您不重要吗？为什么不愿见我呢！”季布听了非常高兴，把曹丘作为贵客招待，留他住了几个月，送他丰厚的礼物。曹丘又继续替季布到处宣扬，季布的名声也就越来越大了。

讨论：故事中，季布的名声越来越大的原因是什么？给我们什么启示？

诚信是中华民族传承已久的美德。诚实就是既不欺骗自己，也不欺骗他人；守信就是要重视自己对他人的诺言，讲信誉。诚信至关重要，对国家而言，“国无信则不昌”，诚信是立国之本；对于个人来讲，“人无信则不立”，诚信是个人安身立命的根本。诚信是为人之道，是立身处世之本，是君子作为。人与人之间交往最重要的就是讲诚信，诚信是一个人人品的试金石，是一个人立足于世的通行证，讲诚信者，行遍天下，四方皆为友。失诚信者，八面为敌，如同过街老鼠人人喊打，没有一席之地，难以在社会立足。

那么，我们中职学生要如何做到诚信呢？

首先，我们要做到实事求是，诚实地面对自己，不掩盖自己的错误和缺点，诚实地对待他人，杜绝说谎话，不弄虚作假，戒掉说大话的不良习惯，要对自己的承诺负责；其次，我们要做到言行一致，言必行，行必果。只有所说和所做完全一样，才可以称为诚信。

二、友善待人

〖传统文化故事——伯牙绝弦〗

春秋时期，有位琴艺高超的宫廷乐师伯牙，但能听懂他的曲子的人却非常少。

有一次，伯牙乘船沿江旅游。船行到一座高山旁时，突然下起了大雨，船停在山边避雨。伯牙耳听淅沥的雨声，眼望雨打江面的生动景象，琴兴大发。伯牙正弹到兴头上，突然感到琴弦上有异样的颤抖，这是琴师的心灵感应，说明附近有人在听琴。伯牙走出船外，果然看见岸上树林边坐着一个叫钟子期的打柴人。伯牙把子期请到船上，两人互通了姓名，伯牙说："我为你弹一首曲子听好吗？"子期立即表示洗耳恭听。伯牙即兴弹了一曲《高山》。子期赞叹道："多么巍峨的高山啊！"伯牙又弹了一曲《流水》子期称赞道："多么浩荡的江水啊！"伯牙又佩服又激动，对子期说："这个世界上只有你才懂得我的心声，你真是我的知音啊！"于是两个人结拜为生死之交。

伯牙与子期约定，待周游完毕要前往他家去拜访他。一日，伯牙如约前来子期家拜访他，但是子期已经不幸因病去世了。伯牙闻听悲痛欲绝，奔到子期墓前为他弹奏了一首悲伤的曲子，然后站立起来，将自己珍贵的琴砸碎于子期的墓前。从此，伯牙再也没有弹过琴。

讨论：故事中，伯牙和钟子期之间有着深厚的友谊，请你和大家分享——我最好的朋友。

俗话说："礼到人心暖，无礼讨人嫌。"中国素有"礼仪之邦"

的美誉，与人为善是中国传统文化的重要组成部分。友善待人，是人际交往的润滑剂，能够让人与人之间的关系融洽，能够减少人际交往中很多不必要的摩擦和麻烦，有助于和谐社会的建设。因此，我们中职生都需要继承中华民族与人为善的优良传统，对同学、朋友、家人、邻居友善，做到和睦相处，团结友爱，一起为了学校、家庭、社会和国家更好的未来而努力。

〖知识链接〗

中职学生日常行为规范——诚实守信，友善待人

（1）平等待人，与人为善。尊重他人的人格、宗教信仰、民族风俗习惯。谦恭礼让，尊老爱幼，帮助残疾人。

（2）尊重教职工，见面行礼或主动问好，回答师长问话要起立，给老师提意见态度要诚恳。

（3）同学之间互相尊重、团结互助、理解宽容、真诚相待、正常交往，不以大欺小、不欺侮同学、不戏弄他人，发生矛盾多做自我批评。

（4）使用礼貌用语，讲话注意场合，态度友善，要讲普通话。接受或递送物品时要起立并用双手。

（5）未经允许不进入他人房间、不动用他人物品、不看他人信件和日记。

（6）不随意打断他人的讲话，不打扰他人学习、工作和休息，妨碍他人要道歉。

（7）诚实守信，言行一致，答应他人的事要做到，做不到时表示歉意，借他人钱要及时归还。不说谎，不骗人，不弄虚作假，知错就改。

（8）上、下课时起立向老师致敬，下课时，请老师先行。

第三节 勤学自强 提升能力素质

总有一种力量让青春的步伐昂首前行，总有一种感动让我们慷慨激昂。自强不息就是这种力量，就是这种感动。

“天行健，君子以自强不息。”这是《周易》中的一句话，大意是君子应该像天宇一样运行不息，即使颠沛流离，也坚持不懈。如果你是君子，应勤奋刻苦，自强不息，刚毅坚卓，发奋图强，永不停息。我们的古人都知道这个道理，何况是现代社会中的我们？我们中职学生正处于人生旅途的关键时期，也处于掌握知识、塑造自我的黄金时期。青春年少，风华正茂，我们要树立远大志向，用我们的勤奋，用我们的学识，用我们求实奋进的精神去获取成功之果。用勤学、识礼、求实、奋进四个音符为你的人生谱出华丽的乐章！

一、勤学修身

〖传统文化故事——匡衡：凿壁偷光〗

匡衡是西汉时期的人，出生在一个穷苦的农民家庭。他从幼年起就酷爱读书。白天要劳动，没有多少空余时间，晚上很想读书，却穷得点不起灯，他为此很苦恼。后来，他发现邻居家夜夜有灯光，就想了个办法。因为邻家点灯的房子和他的住室之间只隔着一堵墙，于是，他便在墙上凿了个小孔。灯光果然从小孔里透过来了。他高兴得跳了起来。从此以后，他每夜蹲在墙脚，借着这一线亮光读书，直到邻居家熄了灯，他才心满意足地去睡觉。

过了不久，又发生了另一个问题：他仅有的几册书早已被读得滚瓜烂熟，却一直没有钱买新的；向有书的人家去借，又常常碰钉子，他又开始苦恼起来。

当地有个叫“文不识”的富豪，家里藏书很多。匡衡便请人介绍，去文家当长工。到了文家，他干活既卖力又不要一文工钱。“文不识”觉得很奇怪，就问匡衡道：“你为什么自愿做工，而不要工钱呢？”匡衡答道：“我给您做工，不为别的，只希望您把书借给我，让我好好阅读。”“文不识”答应了他的请求。匡衡一得到书，就像几天没有吃饭的人得到美味佳肴一样，贪婪地、津津有味地读啊读啊，读完一册又读另一册。

这样日积月累，他终于成了著名的大学者。

讨论：匡衡在那么艰苦的环境里都能认真读书、刻苦学习知识，而我们生活在这么好的物质环境里，是不是更应该努力学习呢？请谈一谈你的看法。

常言道：“一分耕耘，一分收获。”有了辛勤的劳动，我们才会有收获，不劳而获的事情是没有的。在古代中国的历史上，有悬梁刺股、凿壁偷光、囊萤映雪的千古佳话。在新时代，我们应该刻苦努力学习，因为只有这样，我们才能实现自己的人生理想，在追逐梦想的舞台上展示自己，最终走向成功。不经历风雨，怎能见彩虹？若是吝啬自己的付出，又怎能出类拔萃呢？

孟子说过：“天将降大任于斯人也，必先苦其心志，劳其筋骨，饿其体肤……”现代社会是一个充满竞争的社会，我们只有勤奋学习，自强不息，充实自己，才能跟上新时代前进的步伐。

〖知识链接〗

追求精益求精　践行工匠精神

——四川矿产机电技师学院机电工程系学子在2017年成都市中等职业学校学生技能大赛中获奖

2017年成都市中等职业学校学生技能大赛于11月15日—19日正式开赛，并于12月8日在成都市礼仪职中举行了总结表彰会。我院机械工程系学生陈列和刘济菡分别在“车加工技术”和“数控铣”两个比赛项目中获三等奖。

本次技能大赛参照世赛、国赛的竞赛形式，引进了行业新工艺、新标准、新规范，大赛标准更严，对选手水平要求更高。“车加工技术”和“数控铣”两个比赛项目的时长都达四个小时，选手直至晚上九点才离开赛场，两位选手始终坚守在自己的岗位上尽心加工，花费无限的心力完成自己的作品。

他们没有华丽的衣着，没有精彩的表演，有的只是一套工装，用专注的眼神、严谨的态度和过硬的本领，追求着精益求精，践行着工匠精神。本次竞赛平台为我系培养学生参加技能大赛积累了宝贵的经验，展示了我院学子“德技双馨”的良好风貌，也是学院培养高素质技能型人才的体现。

中职学生日常行为规范——勤奋学习，孝敬父母

（1）按时到校，不迟到，不早退，不旷课。

（2）上课专心听讲，勤于思考，积极参加讨论，勇于发表见解。

（3）认真预习、复习，主动学习，按时完成作业，考试不作弊。

（4）积极参加生产劳动和社会实践，积极参加学校组织的其他活动，遵守活动的要求和规定。

（5）认真值日，保持教室、校园整洁优美。不在教室和校园内追逐打闹喧哗，维护学校良好秩序。

（6）爱护校舍和公物，不在黑板、墙壁、课桌、布告栏等处乱涂改刻画。借用公物要按时归还，损坏东西要赔偿。

（7）遵守宿舍和食堂的制度，爱惜粮食，节约水电，服从管理。

（8）正确对待困难和挫折，不自卑，不嫉妒，不偏激，保持心理健康。

（9）生活节俭，不互相攀比，不乱花钱。

（10）学会料理个人生活，自己的衣物用品收放整齐。

（11）生活有规律，按时作息，珍惜时间，合理安排课余生活，坚持锻炼身体。

（12）经常与父母交流生活、学习、思想等情况，尊重父母意见和教导。

（13）外出和到家时，向父母打招呼，未经家长同意，不得在外住宿或留宿他人。

（14）体贴帮助父母长辈，主动承担力所能及的家务劳动，关心照顾兄弟姐妹。

（15）对家长有意见要有礼貌地提出，讲道理，不任性，不耍脾气，不顶撞。

（16）待客热情，起立迎送。不影响邻里正常生活，邻里有困难时主动关心帮助。

二、自强不息

〖传统文化故事——孙敬和苏秦：悬梁刺股〗

东汉时，有个人名叫孙敬，是著名的政治家。

他年轻时勤奋好学，经常关起门来独自一人不停地读书。每天从早读到晚，常常是废寝忘食。读书时间长，劳累了，也不休息。时间久了，疲倦得直打瞌睡。他怕影响自己的读书学习，就想出了一个特别的办法。他找来一根绳子，一头牢牢地绑在房梁上，另一头系在自己头发上。当他读书疲劳时打盹了，头一低，绳子就会牵住头发，这样会把头皮扯痛，他马上就清醒了，再继续读书学习。这就是孙敬“悬梁”的故事。

战国时期，有一个人名叫苏秦，也是出名的政治家。他在年轻时，由于学问不多不深，曾到好多地方做事，都不受重视。回家后，家人对他也很冷淡，瞧不起他。这对他的刺激很大。所以，他下定决心，发奋读书。他常常读书到深夜，很疲倦，常打盹，想睡觉。他也想出了一个方法：准备一把锥子，一打瞌睡，就用锥子往自己的大腿上刺一下。这样，猛然间感到疼痛，他便清醒过来，再坚持读书。这就是苏秦“刺股”的故事。

讨论：悬梁刺股的故事，告诉我们什么道理？

古语云：“学者自强不息，则积少成多；中道而止，则前功尽弃。”这是告诉我们，学习的人只要自强不息，就能日月累积，使知识和学问积少成多；如果中途放弃的话，那么以前所学的知识和学问就会前功尽弃。自强是我们进取的动力，是我们走向成功的阶梯，是我们提升自己能力的途径。自强不息是我们中华民族的优良传统，我们中职学生要继承和发扬。

〖**知识链接**〗

中职学生日常行为规范——自尊自爱自强

（1）维护国家荣誉，尊敬国旗、国徽，会唱国歌，升降国旗、奏唱国歌时要肃立、脱帽、行注目礼，少先队员行队礼。

（2）穿戴整洁、朴素大方，不烫发，不染发，不化妆，不佩戴首饰，男生不留长发，女生不穿高跟鞋。

（3）讲究卫生，养成良好的卫生习惯。不随地吐痰，不乱扔废弃物。

（4）举止文明，不说脏话，不骂人，不打架，不赌博。不涉足未成年人不宜的活动和场所。

（5）情趣健康，不看色情、凶杀、暴力、封建迷信的书刊、音像制品，不听不唱不健康歌曲，不参加迷信活动。

（6）爱惜名誉，拾金不昧，抵制不良诱惑，不做有损人格的事。

（7）注意安全，防火灾、防溺水、防触电、防盗、防中毒等。

课后思考

1. 结合自己的实际情况，谈谈你在生活和学习中如何做到爱国守法。

2. 为了提升中职学生的个人素质，我们在生活中应当如何规范自己的行为？

第四章　培养安全意识　增强法律观念

人民的安全是至高无上的法律。

——培根

法律是显露的道德，道德是隐藏的法律。

——林肯

第一节　培养安全意识　平安成长成才

安全是构建和谐社会的基本要素。随着现代科技的迅速发展，在人民生活水平提高的同时，安全问题也日益凸显。无论是车水马龙的街道还是秩序井然的校园，都不可避免地会发生安全事故。我们每个人应该将安全防范转化为自觉的行为和日常习惯。

一、珍爱生命，预防溺水

据中国儿童少年基金会“安康计划”公布的数据，2008 年，我国中小学生因溺水、交通事故、食物中毒、建筑物倒塌等意外死亡的，平均每天有 40 多人，相当于每天有一个班的学生消失！一个小小的过错，有时会酿成无法挽回的损失。

2014 年 6 月 16 日，哈尔滨发生一起溺亡事件，2 名学生死亡。6 月 22 日大兴安岭接连发生 2 起溺亡事件，其中包括 7 名学生。此后大庆、绥化、伊春也相继发生溺亡事件，造成 6 名学生死亡。

2012 年 8 月 20 日下午 6 时，崇州怀远镇的 59 岁老人王某和两名外孙——11 岁的小杰和 7 岁的小伟被发现在她家附近的水坑溺水身亡。祖孙三人同时被发现溺水身亡，对一个家庭来说无异于晴天霹雳。

2004 年 7 月 9 日，琼海市博鳌镇朝阳中学 8 名初二学生驾船上学的途中，在万泉河上因风大船翻，8 名学生全部落水，其中 1 名不识水性的女生不幸身亡。

1.“防溺水六不”

（1）不私自下水游泳。
（2）不擅自与他人结伴游泳。
（3）不在无家长或老师带领的情况下游泳。
（4）不到无安全设施、无救援人员的水域游泳。
（5）不到不熟悉的水域游泳。
（6）不熟悉水性的学生不擅自下水施救。

2. 正确施救方法

同伴落水我不怕，立即报警和求救；
岸上船上莫惊慌，镇定自若找工具；
搭救伙伴靠智慧，自身安全最重要。

〖案例 4-1〗

擅自游泳溺亡，谁来承担责任？

案情介绍：

精英中学是一个寄宿制学校，到校必经之路有条干净清澈的大河，虽然河岸上树立了“禁止下河游泳”的警示牌，但是时常有附近居民在河里游泳。为了学生人身安全，学校经常对学生进行禁止下河游泳等安全教育。

2018 年 6 月的一个周日晚自习，高一（三）班班主任点名发现学生王某（16 岁）没有返校。班主任立即联系家长，其父坚称孩子已经离家返校。后来在派出所干警的帮助下，校方确认下午河里打捞出的溺亡人员，正是王某。

据街道监控显示，王某骑共享单车已经经过大河后又折返回去，退还了单车后，他径直走向河边。事发后，王某家长和部分亲属到学校吵闹，以王某事故发生在上学路上为由，要求学校负责，学校则坚称自己没有责任。家长在校园吵闹，学校教学秩序受到严重干扰。

请思考：王某的溺亡事故，由谁承担责任？

案例分析：

王某溺水身亡属于意外事件，主要由本人负责。法律依据如下：

（1）**《学生伤害事故处理办法》第十三条规定：“下列情形下发生的造成学生人身损害后果的事故，学校行为并无不当的，不承担事故责任；事故责任应当按有关法律法规或者其他有关规定认定：（一）在学生自行上学、放学、返校、离校途中发生的。”**本案中，王某溺水身亡发生在其上学途中，学校在此并无过错，学校对该生的死亡不承担责任。

（2）《学生伤害事故处理办法》第十条规定："学生或者未成年学生监护人由于过错，有下列情形之一，造成学生伤害事故，应当依法承担相应的责任：(一)学生违反法律法规的规定，违反社会公共行为准则、学校的规章制度或者纪律，实施按其年龄和认知能力应当知道具有危险或者可能危及他人的行为的。"本案中，王某已满16岁，按年龄和认知能力，完全知晓擅自下河游泳的危险；加上河岸上的"禁止下河游泳"警示牌和学校对学生的安全教育，可以推知王某完全知道擅自下河游泳的危险仍然执意为之，其本人应该承担主要责任。

（3）本案中还需注意，事故发生后，王某家长和亲属到学校吵闹行为，严重干扰学校教学秩序也是一种违法行为。《中华人民共和国治安管理处罚法》第二十三条规定："有下列行为之一的，处警告或者二百元以下罚款；情节较重的，处五日以上十日以下拘留，可以并处五百元以下罚款：(一)扰乱机关、团体、企业、事业单位秩序，致使工作、生产、营业、医疗、教学、科研不能正常进行，尚未造成严重损失的。"面对这种情况，学校有权拿起法律武器追究家属的违法行为，要求家属承担赔偿责任。

案例警示：

学生在上学和放学路上发生的安全事故，学校行为并无过错的不承担责任，但是学生的身体健康甚至生命因此受到损害是每个人都不愿意看到的。因此学校、家长和学生本人在平时就要做到：

（1）学校不仅仅只是传授科学文化知识，还应该加强对学生的安全知识和自救自护知识的教育。当发现学生有危险行为和危险想法时，要及时教育引导，将安全隐患消灭在萌芽中。

（2）家长是未成年人的监护人，一定要尽到监护职责。生活中有很多安全常识，家长要配合学校一起对学生进行教育。家长和学校老师平时要加强交流，及时了解学生各方面的动态。

（3）学生自己要牢固树立安全意识，也要积极主动学习自救自助知识，别人的保护总有不足之处，自己细心、小心才能保障自己的安全，才能健康平安地成长。

二、珍爱生命，禁毒防艾

（一）预防艾滋病

1. 什么是艾滋病

艾滋病的全称是“人类获得性免疫缺陷综合征”（英文简称AIDS），由人类免疫缺陷病毒（英文简称 HIV）引起。人体感染艾滋病病毒以后，艾滋病病毒主要会攻击人体的 T、B 淋巴细胞，可以进行不断的变异和大量的复制，致使人体的免疫系统崩溃和瓦解，丧失免疫能力，造成人体多器官的严重损伤，直至危及生命。

2. 艾滋病传播途径

艾滋病是一种传染性疾病，它主要通过性行为、血液、母婴等三种途径传播，例如不安全的性行为、共用注射器、血液接触等。艾滋病的传播途径不包括一般的接触，所以艾滋病患者在生活当中不应受到歧视，如共同进餐、握手等都不会传染艾滋病。

3. 预防与治疗

在了解了艾滋病的传播途径之后，我们更应该有所警惕，注意自己的行为和思想。

艾滋病日常预防：

（1）洁身自爱、遵守性道德是预防经性途径传染艾滋病的根本措施。

（2）正确使用避孕套不仅能避孕，还能减少感染艾滋病、性病的危险。

（3）及早治疗并治愈性病可减少感染艾滋病的危险。

（4）避免不必要的输血和注射，使用经艾滋病病毒抗体检测的血液和血液制品。

（5）严禁吸毒，不与他人共用注射器。

（6）不擅自输血或使用血制品，要在医生的指导下使用。

（二）远离毒品

毒品，是全人类的共同敌人。吸食了第一口毒品，就像打开了“潘多拉的盒子”，痛苦与绝望、堕落与沉沦、疾病与死亡接踵而至。吸食毒品无论是对个人身心健康还是对家庭和社会风气都有很大的危害，所以青少年有必要掌握一些防毒的知识。

1. 辨识毒品

图 4-1　常见的几种毒品

表 4-1 毒品的分类

<table>
<tr><td rowspan="8">毒品</td><td rowspan="4">麻醉药品</td><td rowspan="2">阿片类</td><td>生物碱类</td><td>吗啡、可待因、那可汀、蒂巴因、罂粟碱、那碎因等</td></tr>
<tr><td>化学合成类</td><td>海洛因、哌替啶、芬太尼、二氢埃托啡、美沙酮等</td></tr>
<tr><td>大麻类</td><td colspan="2">大麻植物、大麻树脂、大麻油等</td></tr>
<tr><td>古柯类</td><td colspan="2">古柯叶、古柯糊、古柯碱（可卡因）等</td></tr>
<tr><td rowspan="4">精神药物</td><td rowspan="2">兴奋剂</td><td>苯丙胺类</td><td>苯丙胺、甲基苯丙胺（冰毒）、右苯丙胺，3,4—亚甲基二氧基苯丙胺（MDA）、3,4—亚甲基二氧基—N—甲基苯丙胺（MDMA）等</td></tr>
<tr><td>非苯丙胺类</td><td>哌甲酯、维洛沙秦等</td></tr>
<tr><td>抑制剂</td><td colspan="2">巴比妥类、安定类和非巴比妥类三种</td></tr>
<tr><td>致幻剂</td><td colspan="2">麦司卡林、二甲基色胺、麦角酸二乙酰胺和苯环己哌啶等</td></tr>
</table>

毒品种类很多，范围很广，分类方法也不尽相同。

（1）从毒品的来源看，可分为天然毒品、半合成毒品和合成毒品三大类。天然毒品是直接从毒品原植物中提取的毒品，如鸦片。半合成毒品是由天然毒品与化学物质合成而得，如海洛因。合成毒品是通过人工合成的化学合成类毒品，如苯丙胺类毒品。

（2）从毒品对人中枢神经的作用看，可分为抑制剂、兴奋剂和致幻剂等。抑制剂能抑制中枢神经系统，具有镇静和放松作用，如鸦片类毒品。兴奋剂能刺激中枢神经系统，使人产生兴奋，如苯丙胺类毒品。致幻剂能使人产生幻觉，导致自我歪曲和思维分裂，如麦司卡林。

（3）从毒品的自然属性看，可分为麻醉药品和精神药品。麻醉药品是指对中枢神经有麻醉作用，连续使用易产生生理依赖性的药品，如鸦片类。精神药品是指直接作用于中枢神经系统，使人兴奋或抑制，连续使用能产生依赖性的药品，如苯丙胺类。

（4）从毒品流行的时间顺序看，可分为传统毒品和新型毒品。传统毒品一般指鸦片、海洛因等流行较早的毒品。新型毒品是相对传统毒品而言，主要指冰毒、摇头丸等人工化学合成的致幻剂、兴奋剂类毒品，在我国主要从20世纪末、21世纪初开始在歌舞娱乐场所中流行。

2. 毒品的危害

（1）第一害：吸食毒品后会产生异常的兴奋、抑制等作用。如失眠、烦躁、惊厥、麻痹、记忆力下降、主动性降低、性格孤僻、意志消沉、周围神经炎等，造成中枢神经系统和周围神经系统的损害。

（2）第二害：吸毒特别是静脉注射，常会引起多种心血管系统疾病。如感染性心内膜炎、心律失常、血栓性静脉炎、血管栓塞、坏死性血管炎。

（3）第三害：采用烤吸方式吸毒易发生呼吸系统疾病，如支气管炎、咽炎、肺感染、栓塞、肺水肿等。

（4）第四害：吸毒者普遍会出现食欲减退、恶心、呕吐、腹泻、便秘等症状；肝脏也会受到严重损害，如肝炎、肝硬化、肝脓肿等。

（5）第五害：长期吸用毒品，可造成性功能减退，甚至完全丧失性功能。女性会出现月经失调，造成不孕、闭经，孕妇会出现早产、流产、死胎及血液中毒品通过胎盘进入胎儿体内，导致胎儿海洛因依赖。

（6）第六害：艾滋病病毒主要的传播方式有血液传播、性接触传播和母婴垂直传播。吸毒者采用静脉注射的方式吸毒，使用不洁注射器或共用注射器，都会直接造成病毒的血液传播。

（7）第七害：吸毒者为达到目的会不择手段，从而失去了正常人应有的自尊和道德观、伦理标准，整日沉溺于毒品的幻想之中，造成了精神空虚、人格低下，因而逐步走上违法犯罪的道路。

3. 预防吸毒

青少年走上吸毒的道路，自身的原因占了很大的部分。所以在预防吸毒的时候，青少年本身更要积极主动地远离毒品，珍爱自身。通过对原因的分析，可总结以下几点对策：

（1）认真接受关于预防吸毒的教育。有非常多的案例都是青少年在初次接触毒品的时候并不知道毒品为何物，不但没有远离，反而是对它充满好奇。在好奇的推动下开始吸毒，从此走上了不归路了。因此，当学校或者自己的父母介绍关于毒品的知识时，一定要认真接受。也可以自己主动地通过上网、翻阅书籍等方式了解毒品的知识。总之，一定要充分了解毒品的特性以及危害，这样才能让自己时刻保持警惕，远离毒品！

（2）树立正确的三观。通过分析数据可以看出，有些青少年即使知道毒品的危害，但在受挫折、空虚的时候会忍不住通过吸毒来获得精神支持。在骗子或者是朋友的鼓吹下也容易动摇自己的决心。这是因为青少年没有完全形成独立的、理性的自我认知。有些人甚至把吸毒当成炫耀的方式。因此，在预防吸毒的时候，青少年就需要形成自己独立的人格，不受他人的鼓吹，有自己独立的判断。还需要抛弃贪图享乐、炫耀、攀比等不良的价值观。

（3）慎重交友。社会学上认为同辈群体在青少年的社会化过程中发挥着非常重要的作用，在与同辈群体频繁的互动中，青少年极易习得其他成员的价值观还有行为方式。如果青少年身边有一群吸毒的朋友，自己也就容易受到影响，走上吸毒之路。因此，青少年一定要慎重地结交朋友，遇到吸毒的朋友一定要远离。

三、珍爱生命，关注消防

火灾会给人们的生命和财产造成严重损失，是世界各国人民所面临的一个共同的灾难性问题。作为在校生，同学们要提高防火意识，掌握一些基本消防安全知识，认真贯彻执行“预防为主，防消结合”的消防工作方针。

1. 校园火灾的特点

（1）火灾隐患多。校园内人员密集，消防设施配置参差不齐，能够正确使用消防设施的人较少，火灾隐患多。

（2）发生时间具有特定性。节假日、课余时间和晚上是校园火灾的易发时间。

（3）发生地点具有特定性。校园火灾多发生在学生宿舍楼、实验室、图书馆以及其他人员往来频繁的场所。

（4）容易造成较大的人员伤亡和财产损失。校园人数多，学生的防火意识薄弱，大部分人不懂得火灾基本逃生知识。

2. 校园火灾发生的常见原因

（1）违章私拉乱接电线；在床上摆放插线板。

（2）躺床上吸烟，乱丢乱扔烟头、蚊香等火种。

（3）违章使用大功率电热器具或劣质电器。如电吹风、热得快、电水壶、电熨斗、烫发器等。

（4）在宿舍违规使用蜡烛等光源或擅自使用煤油炉、酒精炉等可能引起火灾的器具。

（5）违规焚烧杂物、树枝等。

（6）违规存放易燃易爆物品。

（7）台灯太靠近枕头和被褥。

（8）安全门、防火通道阻塞。

（9）计算机等设备过多，线路老化或超负荷。

（10）实训、实验课中违反操作规程。

3. 校园防火注意事项

（1）严禁抽烟，更不能乱扔烟头，点蚊香要远离可燃物。烟头和蚊香的中心温度可高达 700～800℃，大于棉被、衣物、书籍、座椅等物品的可燃点，容易引起燃烧，甚至酿成火灾。

（2）打扫卫生时，不焚烧枯枝落叶、废旧杂物，要将其作为垃圾处理，运送至垃圾站。因为焚烧杂物时，遇风极易引起燃烧扩散，酿成不必要的灾祸。

（3）台灯不要靠近枕头和被褥，容易引发火灾。记得人走断电拔插头。禁止使用电吹风、热得快、烫发器等大功率电器。也不要使用酒精炉、液化气等燃气具。

（4）不存放汽油、鞭炮、烟花等易燃易爆物品。实验课需要使用酒精灯和一些易燃的化学药品时，要在任课老师的指导下进行，并且严格按照操作要求去做，时刻小心谨慎，严防火灾发生。

（5）遇电脑、电器火灾莫慌张，先断电，然后用湿棉被、湿大衣等盖住着火物，并及时拨打“119”报警电话。初级中学以上年级的学生也可采取灭火器灭火。

（6）要努力学习消防安全知识，掌握必要的消防技能。

4. 发生火灾如何逃生

（1）火灾袭来时要迅速逃生，不要贪恋财物。

（2）受到火势威胁时，要当机立断披上浸湿的衣物、被褥等向安全出口方向撤离。

（3）穿过浓烟逃生时，要尽量使身体贴近地面，并用湿毛巾捂住口鼻。

（4）身上着火，千万不要奔跑，可就地打滚或用厚重衣物压灭火苗。

（5）遇火灾不可乘坐电梯，要向安全出口方向逃生。

（6）室外着火，门已发烫时，千万不要开门，以防大火窜入室内。要用浸湿的被褥、衣物等堵塞门窗，并泼水降温。

（7）若所有逃生线路被大火封锁，要立即退回室内，用打手电筒、挥舞衣物、呼叫等方式向窗外发送求救信号，等待救援。

（8）千万不要盲目跳楼，可利用疏散楼梯、阳台、排水管等逃生，或把床单、被套撕成条状连成绳索，紧拴在窗框、铁栏杆等固定物上，顺绳滑下，或下到未着火的楼层脱离险境。

5. 如何使用灭火器

（1）第一步：检查灭火器气压是否正常，外光筒体有无变形、生锈严重。

（2）第二步：检查喷射把手是否正常，胶管喇叭是否完好。

（3）第三步：拔下保险销。

（4）第四步：通常人站在上风向，用力压下手柄，对准火源根部扫射。

四、抵制校园暴力（欺凌）

近年来，本该是宁静学习的校园，不断涌出暴力、流血的事件，并愈演愈烈。全国大中小学校园内频频发生暴力事件，这提醒我们，维护校园的安全稳定，保护学生、教师的人身安全的问题已经刻不容缓，然而是什么原因滋生了校园暴力事件层出不穷，我们又该以何种态度和方法防范校园暴力的发生？

1. 校园暴力（欺凌）常见的形式

（1）肢体欺凌。推撞、拳打脚踢以及抢夺财物等，是容易察觉的欺凌形式。

（2）言语欺凌。当众嘲笑、辱骂以及替受害者取侮辱性绰号等，是不容易察觉的欺凌形式。

（3）社交欺凌。孤立、排斥以及令受害者身边没有朋友等，是不容易察觉的欺凌形式。

（4）网络欺凌。在网络发表对受害者不利的网络言论、曝光隐私以及对受害者的照片进行恶搞等，是容易察觉的欺凌形式。

2. 遭遇校园暴力（欺凌）的处理方法

（1）提高自我保护意识。如遇事不要忍气吞声，要及时告诉家长或者老师；身上尽量不携带太多的钱物；受到暴力侵害时，立即采取灵活的应急措施，不刺激对方，以减少被侵害程度，事后立即报案。

（2）提高社会交往能力。出外办事不单独行动，要与同学结伴而行，以免发生意外。

（3）养成谨言慎行习惯。在学校日常生活中，不要说刺激、伤害别人的话；与他人发生矛盾或冲突时，尽量用和缓的语言和手段加以处理等。

〖**案例 4-2**〗

责任由谁承担？

案情介绍：

2015 年 10 月 22 日，某职业技术学校的二年级学生刘某（16 岁）和李某（16 岁），在学校小卖部因为琐事发生口角，继而发生厮打，很快两人被其他围观同学拉开。刘某后来将此事给其他班同乡朋友说起，几个老乡觉得自己的家乡人不能在学校受欺负，必须要让李某“长记性”，于是决定周末到校外“教训”李某。

周五下午放学后，刘某带上自己的水果刀，和几个老乡一起在李某回家的必经之路等候。李某出现后，双方发生斗殴。打斗中，刘某挥舞水果刀，刺中李某的左胸部。受伤的李某被送往医院，抢救无效于当晚死亡。经法医鉴定，李某是受单刃扁平锐器暴力所刺，导致左上肺及左心室贯通伤造成失血休克死亡。案发后，刘某等人主动投案自首。事后，被害人李某家人将刘某等人告上法庭，要求其对李某的死亡承担责任。

李某的死亡，责任应该由谁负责?

案例分析：

李某的死亡，主要由刘某等人负责。法律依据如下：

（1）**《学生伤害事故处理办法》第十三条规定："下列情形下发生的造成学生人身损害后果的事故，学校行为并无不当的，不承担事故责任；事故责任应当按有关法律法规或者其他有关规定认定：（一）在学生自行上学、放学、返校、离校途中发生的。"**本案中，学校对该生的死亡不承担责任。

（2）刘某等人和李某斗殴，并在斗殴中持刀故意伤害他人身体，致人死亡，这种行为构成犯罪，应该受到刑法制裁。**《中华人民共和国刑法》第十七条规定："已满十四周岁不满十六周岁的人，犯故意杀人、故意伤害致人重伤或者死亡、强奸、抢劫、贩卖毒品、放火、爆炸、投放危险物质罪的，应当负刑事责任。"**本案中，刘某等人虽然是未成年人，但是都已满十四周岁，因故意伤害致人死亡，都要受到刑法制裁。

（3）本案中，刘某等人不仅要承担刑事责任，其父母等监护人还要承担民事责任，承担赔偿之责。**根据《中华人民共和国民法通则》第一百三十三条规定："无民事行为能力人、限制民事行为能力人造成他人损害的，由监护人**

承担民事责任。监护人尽了监护责任的，可以适当减轻他的民事责任。”因此，刘某等人的监护人要承担对李某人身伤亡的巨额赔款。

案例警示：

这是一起在校生因不理智引发的伤亡事件。打人者因为一时冲动伤害他人，不仅自己要承受牢狱之苦，父母等监护人还要承担经济赔偿责任。

第一，学生要遵守校规校纪和国家法律，既要增加自律的责任感，也要增强自身被伤害的预防意识，妥善处理同学之间的关系，遇到矛盾积极稳妥解决，避免伤害事件的发生，也避免给自己、他人乃至家庭带来终生的伤痛。

第二，学生要多交良师益友。孔子说：“益者三友：友直，友谅，友多闻。”就是说我们要交正直、诚信、知识广博的朋友。真正的朋友是相互帮助，可以共同进步的朋友，而不是只讲哥们义气、惹是生非的朋友。

此外，如果有学生不幸遭遇校园暴力，一定要懂得保护自己。当威胁和暴力来临之际，首先，告诉自己不要怕，要相信邪不压正，相信绝大部分同学、老师和社会正义力量都是自己的坚强后盾，一旦我们内心笃定，自然会散发一种强大的威慑力；其次，当我们遇到校园暴力后，要及时报告老师、家长甚至是警察，不能给施暴者一次又一次伤害自己的机会，严重的，要让施暴者受到法律制裁；最后，我们在遭遇校园暴力时要注意保留证据，比如施暴者发出的威胁性聊天记录；受害者人身损害司法鉴定等。

五、关注网络安全

习近平总书记在2016年4月举行的网络安全和信息化工作座谈会上提出："网络空间是亿万民众共同的精神家园。网络空间天朗气清、生态良好，符合人民利益。网络空间乌烟瘴气、生态恶化，不符合人民利益。谁都不愿生活在一个充斥着虚假、诈骗、攻击、谩骂、恐怖、色情、暴力的空间。"

随着信息技术的飞速发展，互联网已经成为人们日常生活中不可或缺的一部分。互联网为我们工作和学习提供了诸多便利，但是网瘾、网络诈骗、个人信息泄露、不良网站等安全隐患也都是由网络引起。中职生处于青春期，对于网络危害抵御能力较弱，所以加强中职学生网络与信息安全教育就显得尤为重要。

2014年9月17日，浙江某大学某女生的朋友提供一女子QQ给该女生称可进行刷单任务。该女生便在寝室利用QQ联系对方称愿意进行刷单任务，随后在对方提供的网站共刷22 869元的单。刷第二次单时系统显示卡单，该女生联系对方称系统卡单，对方让其暂停刷单。18日，另一女子用QQ联系该学生称可以进行返单，但由于刷单的姓名与银行卡信息无法核对上，需该女生向银行卡内存入大于刷单价值的钱款。19日上午，该女生向中信银行存入30 000元人民币。20日上午，对方联系该女生称因返款姓名仍无法与该女生姓名对上，未更改返款数额设置，20 000元人民币被系统抽走，需再存入22 869元才可退款，该女生方知被骗，总计损失42 896元。

2011年11月，浙江宁波一名已婚“高富帅”曹某利用微信勾引女大学生出来见面，并实施犯罪活动。曹某通过手机中的微信软件与被害人林某某聊天，获取被害人林某某信任后，驾驶别克新君威轿车将林某某带至宁波市鄞州区首南街道鄞州公园一停车场内，诱骗被害人林某某至轿车内的后排位置。为让被害人放松警惕，以达到犯罪目的，被告人用ipad平板电脑与被害人打游戏，后采用言语恐吓、打被害人大腿等方式威胁被害人林某某，强行与林某某发生性关系，并用随身携带的苹果牌手机拍摄被害人裸照。

1. 上网注意事项

（1）每次在计算机屏幕前不要超过1小时。

（2）眼睛不要离屏幕太近，坐姿要端正。

（3）屏幕设置不要太亮或太暗。

（4）适当到户外呼吸新鲜空气。

（5）不要随意在不明网站上购物。

（6）不要下载不明站点的程序，因为这个程序有可能感染了病毒。

（7）不要运行不熟悉的可执行文件，尤其是一些看似有趣的小游戏。

（8）不要随便将陌生人加入好友列表。

（9）设置浏览器的安全等级为最高级，可以有效过滤一些非法网站。

（10）坚决抵制反动、暴力等网站，这些不良信息会影响同学们的身心健康。

（11）不要随意点击不明链接。

2. 网上交友注意事项

（1）不要说出自己的真实姓名和地址、电话号码、学校名称等信息。

（2）不与网友见面。

（3）对谈话低俗网友，不要反驳或回答，以沉默的方式对待。

3. 密码安全常识

（1）设置足够长度的密码，最好使用大小写混合加数字和特殊符号。

（2）不要使用自己的生日、姓名拼音等，这样很容易被熟悉你的人猜出。

（3）不要将所有的密码都设置为相同的，可以为每一种加上前缀。

（4）不要为了防止忘记而将密码写下来，要将密码记在大脑中。

（5）不要死守一个密码，要经常更换，特别是遇到可疑情况的时候。

4. 网络诈骗手法及防范

（1）骗子使用黑客程序破解用户密码，冒充好友借钱，如果遇到类似情况，最好先与朋友通过电话等途径取得联系，防止被骗。

（2）骗子以交友为目的，通过聊天建立感情，然后以缺钱、治病急需用钱等名义让受骗者汇款，最终失去联系。

（3）骗子利用互联网传播软件，随意向手机用户、邮箱用户等发布中奖信息，这些都是假的，要始终相信天上不会掉馅饼。

（4）骗子利用伪造的银行网站进行诈骗活动，获得受骗者个人账户信息进而窃取资金。所以，在查看网站时一定要仔细甄别，认真核实，切勿着急操作。

〔案例 4-3〕

网络平台贷款，害己又害人

案情介绍：

王某是某职校三年级的学生，他非常热衷网络游戏，常把父母给的生活费用于购买游戏道具。因为开销较大，王某很想一夜暴富。一天，王某在玩游戏的时候，屏幕上跳出“缺钱吗？校园贷最快一天借款，最高可借 3 万元”的字样，王某马上眼前一亮，真有这么好的事情？这时他上铺的同学凑过来看他玩游戏，看到那行字就说：“这个平台我贷过，确实很容易，只要登记一下身份信息，给他手机服务密码就可以借到钱了，利息也不高，可以试一试。”王某一听像吃了定心丸一样，马上按照游戏里玩家提示的信息进行了贷款。

有了钱以后王某马上发现了一个可以迅速致富、让钱生钱的方法，那就是网络赌博。游戏里的一个“战友”带他试了几次，他赚了几百块，他想把赢的钱提现，但是网页提示要输入所赢金额的三倍钱，才能提回之前赢的钱。王某把钱存进去后，发现所有的钱都在最后一次赌博的时候输掉了。王某不甘心，投入更多的钱去赌博，结果把借贷来的钱全都输光了。王某无奈又在另一个平台借了钱，一方面继续赌博，另一方面偿还前面的贷款，实在还不上的时候，他就会借口向他的哥哥骗一点钱。哥哥心里也疑惑，但拗不过王某的保证，借了几次钱给他。这时王某无心学习开始旷课，老师注意了，找了他谈话。王某谎称是身体原因，始终不愿意向老师坦白真相。

雪球越滚越大，他一共在 4 个平台欠下了近 10 万元的贷款，最后一次因无力偿还，他的家人和同学都陆续收到了催款的短信，王某的爸爸气急败坏地把他臭骂一顿，没收了他的手机和身份证，把他关在家里一个月，但还是得帮他还钱。还钱花光了家里的积蓄，借遍了亲戚朋友终于把钱还上了，王某看着父母憔悴的面庞号啕大哭……

案例警示：

1. 非正规平台校园贷款常见陷阱

陷阱一：费率不明。校园网络贷款平台出于抢占市场和竞争的需要，会隐瞒或模糊实际的资费标准、逾期滞纳金、违约金等。很多学生因为一时冲动消费而选择贷款，最终要偿还的“本息和”相当于贷款金额的 1.5 倍，是名副其实的“高利贷”。

陷阱二：贷款门槛低，审核不严。平台借款，不会考虑学生的还款能力、经济来源，是一种极其不负责任的行为。

陷阱三：不文明催收手段，给借款学生造成极大心理压力。校园贷平台普遍存在不文明催收手段，比如“关系催收”，学生借款时被要求填写数名同学、朋友和家属的真实联系方式，如果不能按时还款，平台将会把逾期信息告知该学生的朋友圈，甚至还会用污秽的言语骚扰该学生朋友圈，严重干扰和伤害该学生和亲友的正常生活。

陷阱四：风险难控，易将风险转嫁给家庭。很多学生有旺盛的消费欲，但是没有稳定的经济来源，所以其还款来源往往是家庭。

2. 学生应该如何看待校园网贷现象

（1）树立正确的人生观和理性的消费观，纠正超前消费、过度消费、从众消费等不良风气，做到不盲从、不攀比、不炫耀。

（2）制订科学的消费计划，结合自身实际，量入为出。养成通过诚实合法劳动创造财富的观念，培养节俭自立的意识。

（3）增强自身的诚信意识、金融观念以及自我保护意识。做一个有担当、有责任、有作为的当代职校学生。

第二节　增强法律观念　做守法好公民

法律与我们日常生活密切相关，学习法律基本常识，理解我国法律的基本原则，明确公民享有的基本权利，依法进行各项活动，提高保护自身合法权益的能力对每个人来说都是至关重要的。青年学生应该具备法律素质，树立“以遵纪守法为荣，以违法乱纪为耻”的观念，在社会主义法治国家建设中，做一个知法、懂法、守法的合格公民。

一、我国法律体系概览

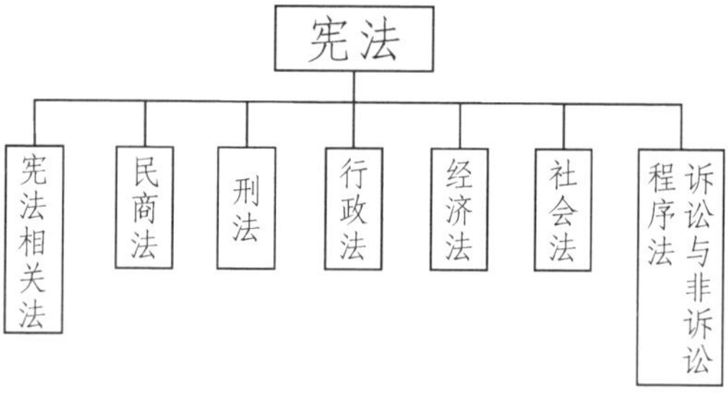

图 4-2　我国法律体系

表 4-2　我国法律体系及其内涵

宪法及宪法相关法	宪法是国家的根本大法，规定我国社会制度、国家制度、公民的基本权利和义务及国家机关的组织与活动的原则等方面，是公民权利的根本保障；宪法具有最高的法律效力，宪法是其他一般法律的立法基础，任何法律、法规不得与宪法相抵触；为保证宪法的尊严和相对稳定性，宪法的制定和修改程序比普通法律更为严格。代表：《立法法》《选举法》《国旗法》《反分裂国家法》等
民商法	它是规范社会民事和商事活动的基础性法律。代表：《物权法》《合同法》《担保法》《拍卖法》《商标法》《专利法》《著作权法》《婚姻法》《继承法》《收养法》《公司法》《保险法》《票据法》《证券法》等
刑法	刑法是规定犯罪、刑事责任和刑事处罚的法律规范的总和。刑法所调整的是因犯罪而产生的社会关系。代表：《刑法》等
行政法	一般行政法是指有关行政主体、行政行为、行政程序、行政责任等一般规定的法律法规。代表：《公务员法》《行政处罚法》《行政复议法》等
经济法	创造平等竞争环境、维护市场秩序方面的法律。代表：《反不正当竞争法》《消费者权益保护法》《产品质量法》《广告法》《预算法》《审计法》《会计法》《税收征收管理法》《个人所得税法》《土地管理法》等
社会法	社会法是调整有关劳动关系、社会保障和社会福利关系的法律规范的总和，它是与民生有关的法律部门。代表：《劳动法》《劳动合同法》《未成年人保护法》《残疾人保障法》《红十字会法》《公益事业捐赠法》等
诉讼与非诉讼程序法	保证前面六个部门实体法实施的，我们叫作程序类法律，也就是诉讼与非诉讼的程序类法律。比如三大诉讼法，刑事诉讼、民事诉讼、刑事诉讼，还有调解、仲裁等。代表：《刑事诉讼法》《民事诉讼法》《行政诉讼法》《仲裁法》等

1. 宪法

宪法是国家的根本大法，是治国安邦的总章程。“中华人民共和国一切权力属于人民”，这是宪法赋予人民的权力。每年的 12 月 4 日，是“国家宪法日”。接下来我们一起看看宪法和我们到底有什么联系。

（1）从我们出生开始就已经受到宪法的保护了。

《中华人民共和国宪法》第三十三条：凡具有中华人民共和国国籍的人都是中华人民共和国公民。中华人民共和国公民在法律面前一律平等。国家尊重和保障人权。

《中华人民共和国宪法》第四十九条：父母有抚养教育未成年子女的义务……禁止虐待老人、妇女和儿童。

（2）当我们上学时，在学校里我们进一步了解了国旗、国歌、国徽。每周一必备“课程”升国旗、奏唱国歌成了我们最骄傲的时刻。上学、首都、国徽、国歌、国旗这些也都是宪法规定的内容。

《中华人民共和国宪法》第四十六条：中华人民共和国公民有受教育的权利和义务。国家培养青年、少年、儿童在品德、智力、体质等方面全面发展。

《中华人民共和国宪法》第一百四十一条：中华人民共和国国旗是五星红旗。中华人民共和国国歌是《义勇军进行曲》。

《中华人民共和国宪法》第一百四十二条：中华人民共和国国徽，中间是五星照耀下的天安门，周围是谷穗和齿轮。

《中华人民共和国宪法》第一百四十三条：中华人民共和国首都是北京。

图 4-3 升旗仪式

（3）当我们 18 岁成年时，我们迎来了人生中一个很重要的政治权利：选举权和被选举权。作为成年人的我们也要为自己的行为负责了。这一刻开始虽然我们可能还没有稳定的生活来源，但从法律上来讲，父母可以不再供养我们的生活了。

《中华人民共和国宪法》第三十四条：中华人民共和国年满十八周岁的公民，不分民族、种族、性别、职业、家庭出身、宗教信仰、教育程度、财产状况、居住期限，都有选举权和被选举权；但是依照法律被剥夺政治权利的人除外。

《中华人民共和国宪法》第四十九条：父母有抚养教育未成年子女的义务，成年子女有赡养扶助父母的义务。

（4）依法服兵役是每个公民的义务，并且，当我们参军入伍时，学校会为我们保留两年学籍。

《中华人民共和国宪法》第五十五条：保卫祖国、抵抗侵略是中华人民共和国每一个公民的神圣职责。依照法律服兵役和参加民兵组织是中华人民共和国公民的光荣义务。

（5）当我们毕业后踏入职场，靠自己的劳动独立打拼时，宪法也为我们保驾护航。当然，在工作的同时我们也需要依法纳税。

《中华人民共和国宪法》第四十二条：中华人民共和国公民有劳动的权利和义务。

《中华人民共和国宪法》第四十三条：中华人民共和国劳动者有休息的权利。国家发展劳动者休息和休养的设施，规定职工的工作时间和休假制度。

《中华人民共和国宪法》第四十八条：中华人民共和国妇女在政治的、经济的、文化的、社会的和家庭的生活等各方面享有同男子平等的权利。国家保护妇女的权利和利益，实行男女同工同酬，培养和选拔妇女干部。

《中华人民共和国宪法》第五十六条：中华人民共和国公民有依照法律纳税的义务。

（6）当我们工作有了着落，接下来可能就要考虑婚姻大事。和恋人步入婚姻的殿堂，幸福的生活从此开始，再生一个可爱的宝宝。这样的生活，也受宪法保护。

《中华人民共和国宪法》第四十九条：婚姻、家庭、母亲和儿童受国家的保护。夫妻双方有实行计划生育的义务。父母有抚养教育未成年子女的义务，成年子女有赡养扶助父母的义务。禁止破坏婚姻自由，禁止虐待老人、妇女和儿童。

（7）当我们到了退休年龄，在宪法的保障下不必担忧退休生活，和家人一起享受天伦之乐。

《中华人民共和国宪法》第四十四条：国家依照法律规定实行企业事业组织的职工和国家机关工作人员的退休制度。退休人员的生活受到国家和社会的保障。

《中华人民共和国宪法》第四十五条：中华人民共和国公民在年老、疾病或者丧失劳动能力的情况下，有从国家和社会获得物质帮助的权利。国家发展为公民享受这些权利所需要的社会保险、社会救济和医疗卫生事业。

《中华人民共和国宪法》第四十九条：成年子女有赡养扶助父母的义务……禁止虐待老人、妇女和儿童。

2. 刑法

刑法是规定犯罪、刑事责任和刑罚的法律。刑法规定了哪些行为是犯罪行为，规定了这种犯罪行为应当负何种刑事责任，并给予犯罪嫌疑人何种刑事处罚。

（1）什么是犯罪。

犯罪，简而言之就是一个人做出违反法律并且应该受到法律处罚的行为。一个行为要构成犯罪，需具备三个条件：

① 行为具有社会危害性。

② 行为具有刑事违法性。

③ 行为人达到刑事责任年龄。

〖**案例 4-4**〗

三名中学生抢劫同学获刑

案情介绍：

2009 年 2 月 16 日，17 岁的陈某和 16 岁的卢某以及尚不满 15 岁的张某三人，因要办事身上没钱，遂来到某中学门口，计划在学生放学后，向该校学生借钱。待到学校放学后，三人立即向早前认识的学生借钱，谁知分文也未借到，在这种情况下，三人遂决定“实在借不到，就硬要”。于是卢、张二人在校门口用言语威胁的手段，在两名学生处分别要来人民币 2 元和 1 元。随后，在听说一学生身怀 320 元学分款时，卢、张二人立即向其索借 120 元，该生当即拒绝，于是卢、张二人将其带到学校附近一围墙处，连同陈某一起继续言语威胁，此时，该生仍拒绝借钱给三人。于是，三人用暴力手段致使该学生被迫交出了 120 元。

案发后，被抢学生立即报了案。随后，陈某退回了全部赃款，卢、张二人也主动向公安机关投案自首。

在审理此案时，考虑到作案人员是未成年人的关系，同时，此次亦为初犯，且在犯罪后有自首和悔罪的表现，遂考虑是否可以判处缓刑。对于未成年人犯罪，一直有“教育为主、惩罚为辅”的原则。对于这三个孩子，如果适用缓刑不致再危害社会，可以适用缓刑。于是，办案人员立即向三人所在学校、当地基层组织进行调查了解。在走访过程中，学校和当地基层组织等均证实，三人平时表现较好，也没有其他的违法事实。

于是法院根据《中华人民共和国刑法》第二百六十三条的规定：“以暴力、胁迫或者其他方法抢劫公私财物的，处三年以上十年以下有期徒刑，并处罚金。”鉴于三人犯罪时未满十八周岁，依据《中华人民共和国刑法》第十七条第三款：“已满十四周岁不满十八周岁的人犯罪，应当从轻或者减轻处罚。”对三人做出如下判决：陈某犯抢劫罪，判处有期徒刑三年，缓刑三年，并处罚金人民币 2 000 元。卢某犯抢劫罪，判处有期徒刑两年，缓刑两年六个月，并处罚金人民币 2 000 元。张某犯抢劫罪，判处有期徒刑一年六个月，缓刑两年，并处罚金人民币 2 000 元。

〖**案例 4-5**〗

15 岁男孩与 13 岁女友偷尝禁果，属于犯罪吗？

案情介绍：

15 岁的小陈在 QQ 上认识了一个 13 岁的女孩玲玲。没多久，两人就恋爱了，随后偷尝禁果。玲玲的父母无意中知道了此事，非常愤怒，带着玲玲到派出所报案，称小陈强奸了女儿。在派出所，警察问小陈是否知道玲玲的实际年龄，小陈说知道。他被警方以涉嫌强奸罪刑拘。法院经审理后认为，小陈明知他人是不满十四周岁的幼女，而多次与之发生性关系，应以强奸罪论处。因未满十八周岁，小陈最终被判处有期徒刑一年，缓刑一年六个月。

法院判决出来后，小陈的家属声称玲玲是自愿行为，且自己的孩子不满16岁，被判刑太冤了。同学们觉得，小陈冤枉吗?

案情分析：

（1）根据《中华人民共和国刑法》第十七条规定："已满十四周岁不满十六周岁的人，犯故意杀人、故意伤害致人重伤或者死亡、强奸、抢劫、贩卖毒品、放火、爆炸、投放危险物质罪的，应当负刑事责任。"本案中，小陈15岁，犯强奸罪，应当承担刑事责任。

（2）根据《中华人民共和国刑法》第二百三十六条规定："以暴力、胁迫或者其他手段强奸妇女的，处三年以上十年以下有期徒刑。奸淫不满十四周岁的幼女的，以强奸论，从重处罚。

强奸妇女、奸淫幼女，有下列情形之一的，处十年以上有期徒刑、无期徒刑或者死刑：

（一）强奸妇女、奸淫幼女情节恶劣的。

（二）强奸妇女、奸淫幼女多人的。

（三）在公共场所当众强奸妇女的。

（四）二人以上轮奸的。

（五）致使被害人重伤、死亡或者造成其他严重后果的。"

本案中，小陈明知玲玲是不满十四周岁的幼女而与其多次发生性关系，不论幼女是否自愿，均应依照刑法第二百三十六条第二款的规定，以强奸罪定罪处罚。但因小陈未满十八周岁，最终被判处有期徒刑一年，缓刑一年六个月。

（2）刑罚。

我国刑罚分类（见表4-3）：

表4-3 刑罚的分类

<table>
<tr><td rowspan="5">主刑</td><td>管制</td><td colspan="3">管制是指对犯罪分子不实行关押，但限制其一定自由，依法由社区矫正的刑罚方法。管制是最轻的主刑，是我国独创的一种刑罚</td></tr>
<tr><td>拘役</td><td colspan="3">拘役，是剥夺犯罪分子短期人身自由，就近实行强制劳动改造的刑罚方法。拘役的刑期最短不少于1个月，最长不超过6个月</td></tr>
<tr><td>有期徒刑</td><td colspan="3">有期徒刑是剥夺犯罪分子一定期限的人身自由，实行强制劳动改造的刑罚方法。期限：6个月以上15年以下；数罪并罚的，有期徒刑总刑期不满35年，执行不超过20年；总和刑期在35年以上的，执行不能超过25年</td></tr>
<tr><td>无期徒刑</td><td colspan="3">无期徒刑是剥夺犯罪分子终身自由，并强制劳动改造的刑罚方法</td></tr>
<tr><td>死刑</td><td colspan="3">死刑是剥夺犯罪分子生命的刑罚方法，包括死刑立即执行和死刑缓期执行两种。死刑是我国刑罚中最重的一种，是由最高人民法院判决或核准，死刑是严格控制的</td></tr>
<tr><td>附加刑</td><td>罚金</td><td>剥夺政治权利</td><td>没收财产</td><td>驱逐出境</td></tr>
</table>

（3）累犯。

《中华人民共和国刑法》第六十五条："被判处有期徒刑以上刑罚的犯罪分子，刑罚执行完毕或者赦免以后，在五年以内再犯应当判处有期徒刑以上刑罚之罪的，是累犯，应当从重处罚，但是过失犯罪和不满十八周岁的人犯罪的除外。"第六十六条："危害国家安全犯罪、恐怖活动犯罪、黑社会性质的组织犯罪的犯罪分子，在刑罚执行完毕或者赦免以后，在任何时候再犯上述任一类罪的，都以累犯论处。"

（4）自首和立功。

《中华人民共和国刑法》第六十七条："犯罪以后自动投案，如实供述自己的罪行的，是自首。对于自首的犯罪分子，可以从轻或者减轻处罚。其中，犯罪较轻的，可以免除处罚。

被采取强制措施的犯罪嫌疑人、被告人和正在服刑的罪犯，如实供述司法机关还未掌握的本人其他罪行的，以自首论。"

《中华人民共和国刑法》第六十八条："犯罪分子有揭发他人犯罪行为，查证属实的，或者提供重要线索，从而得以侦破其他案件等立功表现的，可以从轻或者减轻处罚；有重大立功表现的，可以减轻或者免除处罚。"

二、学会保障自身合法权益

（1）知法懂法。公民要保护个人合法权益，必须依靠法律的力量。学习法律条文，熟悉法律条文，理解法律的具体规定，用法律的武器来保护自己。

（2）敬畏法律。公民要保护个人合法权益，必须敬畏法律，遵守法律的规定，敬畏法律的尊严，敬畏法律的权威。

（3）提起诉讼。公民要保护个人合法权益，还可以通过诉讼的方式去保护自己的合法权益，诉讼也是公民保护自己合法权益的最有效方式。诉讼，又叫打官司，通过法官的开庭、调解和判决的方式来维护当事人的合法权益。

（4）检举举报。公民要保护个人合法权益，还可以通过检举举报的方式，一旦发现自己的权益被别人侵害，或者是发现了一些违法行为，就可以通过检举举报的方式去揭发。

（5）提起申诉。公民要保护个人合法权益，还可以提起申诉，公民对生效的法律判决，对生效的行政决定等不服，都可以提起申诉，利用申诉的力量来维护自己的合法权益。

（6）正当防卫。公民要保护个人合法权益，当自己的合法权益遭受侵害时，可以采用正当防卫的方式。《中华人民共和国刑法》第二十条规定：为使国家、公共利益、本人或他人的人身、财产和其他权利免受正在进行中的不法侵害，而采取的制止不法侵害的行为，对不法侵害人造成损害的，属于正当防卫，不负刑事责任。

课后思考

1. 请列举校园内禁止使用的违规电器有哪些，这些电器会带来什么样的安全隐患，我们又该如何预防这些隐患。

2. 在你身边有没有人从网络平台贷款？平台名字是什么？和他们聊一聊网络贷款的危害。

3. 宪法是我国的根本大法，和老百姓生活息息相关，请列举日常生活中你和宪法的联系。

第五章　注重身心健康　积极面对人生

人的生命似洪水奔流，不遇着岛屿和暗礁，难以激起美丽的浪花。

——奥斯特洛夫斯基

一个勇敢而率真的灵魂，能用自己的眼睛观照，用自己的心去爱，用自己的理智去判断；不做影子，而做人。

——罗曼·罗兰

天将降大任于斯人也，必先苦其心志，劳其筋骨，饿其体肤，空乏其身，行拂乱其所为也，所以动心忍性，增益其所不能。

——《孟子》

健康是人的基本权利，是人生的第一笔财富。

什么是健康呢？有人说："健康就是吃得好，睡得香，身体没毛病！"其实不然。1948 年，世界卫生组织就给出了关于健康的新定义：健康不仅仅是没有疾病和虚弱状态，而且是一种生理上、心理上和社会适应上的良好状态。由此可见，"身"和"心"两方面的健康才是真正意义上的健康，二者不可分割，相辅相成。

与此同时，世界卫生组织规定了健康的 10 条标准：

（1）精力充沛，能从容不迫地应付日常生活和工作的压力而不感到过分紧张。

（2）处事乐观，态度积极，乐于承担责任，事无巨细不挑剔。

（3）善于休息，睡眠良好。

（4）应变能力强，能适应环境的各种变化。

（5）能够抵抗一般性感冒和传染病。

（6）体重得当，身材均匀，站立时头、肩、臂位置协调。

（7）眼睛明亮，反应敏锐，眼睑不发炎。

（8）牙齿清洁，无空洞，无痛感；齿龈颜色正常，不出血。

（9）头发有光泽，无头屑。

（10）肌肉、皮肤富有弹性，走路轻松有力。

本章内容将带大家一起走近健康，了解更多的健康知识。

第一节　重视身体健康　珍爱生命

青春期是人的一生中身体的第二个发育高峰期。中职生正处于这个重要的生长阶段，所以在学习之余要更加注重对身体的锻炼和保护。

小李和小吴同时考入外地的一所职业学校，同时住校并分配在同一个寝室。入校时，两人身体素质各方面都相差无几。离开了家长的管束和中小学作息时间约束，小李的生活节奏一下松散了，放学回到寝室就各种打游戏，不按时吃饭，一学期下来面黄肌瘦，精神不济，人际圈子较小。小吴则不一样，每天按时作息，学习之余坚持锻炼，篮球、足球、跑步都是他的最爱。在学校的秋季田径运动会上，小吴拿到了多个比赛项目的名次，为班级争光，获得了同学们的喜爱。

讨论：

（1）小李不明白这是为什么，同学们可以帮他分析分析吗？并提出建设性的意见和建议。

（2）你对自己的身体状况满意吗？有什么改进计划吗？

一、生命在于运动

图 5-1　生命在于运动

青春期，通常是指 13 岁到 19 岁，这一时期是青少年生长发育的重要阶段，是由儿童到成人的过渡阶段，通常也称为青春发育期。在这个时期内，由于神经系统和内分泌的影响，人体的外部形态、身体机能、心理、智力、思想、感情、意志、行为等方面都较儿童时期有明显变化，整个机体逐渐成熟。

青春期的开始与遗传因素、周围环境、个体营养以及年龄、发育的速度和程度等都有密切关系。而这一时期的身心健康状况对人的身体素质起着关键性的作用。

在青春发育期，骨骼的发育很快，身体生长也快，因此这一时期也被称为生长发育的第二个高峰期。这是体内的性激素和生长激素的分泌量增加并相互协同作用的结果。这个时期是身高增长的最佳时期，经历三四年后，生长激素水平下降，骨骺线闭合后则身体停止生长。

科学锻炼能够加强心肺功能，增强体质，使卵巢、垂体功能稳定，有利于营养素的吸收，对身高增长有益。经常参加体育锻炼的青少年，其身高较不常锻炼的青少年高出约 4 厘米，体重增加约 3 千克，肺活量增加约 1 000 毫升。因此，要想身材挺拔，切不可忽视体育锻炼。

女生处于生理期，也可以适当参加一定的体育锻炼，如做广播体操、练瑜伽等，注意不要做剧烈运动。适度运动对身体是有好处的，可以改善盆腔的血液循环，减轻盆腔充血，从而减少生理期的不适感。同时由于运动使腹壁或盆腔里的肌肉产生收缩和放松，对子宫起到按摩的作用，利于生理血液的排出。另外，适当的运动还可以调节大脑皮层的兴奋和抑制过程，使人的精神愉悦，减少烦躁情绪。

〖**知识链接**〗

体育锻炼小常识

中职生精力旺盛，活力四射，热衷于体育活动。有些体育项目存在一定的潜在危险，但是，我们常常在锻炼时缺乏必要的常识。参加体育锻炼应科学规划，循序渐进，否则会带来不必要的损伤。

1. 剧烈运动时和运动后不可大量饮水

剧烈运动时，体内盐分随大量的汗液排出体外，饮水过多会使血液的渗透压降低，破坏体内水盐代谢平衡，影响人体正常生理功能，甚至还会发生肌肉痉挛现象。运动时，需要增加心跳、呼吸的频率来增加血液和氧气，以满足运动需要。而大量饮水会使胃部膨胀充盈，妨碍膈肌活动，影响呼吸；血液的循环流量增加，加重了心脏负担，不仅不利于运动，还会伤害心脏。此外，大量饮水会使胃酸浓度降低，影响食物消化。长期大量运动后饮水容易得胃病。

2. 进餐后不宜运动

进餐后需要较多的血液流到胃肠道，帮助食物消化与养分吸收，如果这时参加运动就会造成血液流向四肢，妨碍胃肠的消化，时间一长就会导致疾病。体弱者进餐后血压还会降低，导致餐后低血压，外出活动容易跌倒。长期餐后运动容易得盲肠炎。饮酒后不可进行游泳等运动项目。

3. 在不适当的地点运动会带来伤害

由于运动的基本功能是通过呼吸从外界摄入大量新鲜氧气，以满足健康的需求，故运动前一定要选择好地点，以平坦开阔、空气新鲜的公园、河滩、体育场等处最佳。

4. 不要在情绪不好的时候运动

运动不仅是身体的锻炼，也是心理的锻炼。当你生气、悲伤时，不要到运动场上去发泄。运动医学专家的解释是：人的情绪直接影响着身体的生理机能，而情绪的变化又产生于大脑深部，并扩散到全身，在心脏及其他器官上留下痕迹，这种痕迹将影响人体机能的健康。

5. 选择最佳运动量

选择最佳运动量的方法很多，例如指数评定法、心率评定法、库珀评定法、菲克斯评定法、疲劳评定法、简便评定法、阶段评定法等。由于每一个人的实际情况千差万别，安静心率相差 15%～30%，甚至更多，所以选择最佳运动量应根据自己的年龄、性别、职业特点、体力状况、健康水平、体育基础、生活环境、目的任务等不同情况来决定。

6. 整理活动的好处

整理活动，是指在体育锻炼后所采用的一系列放松练习和运动后按摩等恢复手段，目的是消除疲劳、恢复体能、提高锻炼效果。

整理活动可以使紧张的肌肉得到放松，在运动中，肌肉毛细血管大量开放，肌肉高度紧张。如果激烈运动后立即静止不动，肌肉内淤积的血液就不能及时流回心脏，导致肌肉僵硬，疲劳不易消除。相反，运动后做一些整理活动，使运动慢慢缓和下来，或通过按摩挤压肌肉和穴位，就可以使肌肉得到充分的放松和休息。

7. 运动后营养的补充与恢复

运动员几乎每天都要训练，接近比赛时甚至一天训练两次，参加比赛也经常需要一天连续出赛两三次，包括预赛、准决赛和决赛，例如田径和游泳；或是在短短数天中每天连续出赛，例如篮球。这时，运动后的营养补充就变得非常重要，对于下次练习的成效或是比赛的结果有绝对的影响。对运动员而言，运动后的恢复不应该顺其自然，而应该主动积极地补充运动所消耗的能量和营养，为紧接而来的比赛或训练做好准备。

8. 运动后的营养补充着重于三方面

第一方面：补充因流汗而损失的水分和电解质。

第二方面：补充运动中消耗的肝糖。

第三方面：修复受伤的肌肉和组织。

9. 运动后不能立即洗澡

运动后立即洗澡会导致心脏和脑部供血不足以致头晕眼花、浑身无力，还会由于身上的乳酸积累过多使全身酸痛。

此外，在锻炼之前还要做好相应准备活动；听从专业教师的指导；提高自身的防范意识。

二、珍爱生命，远离危害

（一）认识生命

思考：你知道自己的生命是怎样孕育形成的吗？

从生物学角度来说，每个人都是由受精卵发育而成的。精子与卵子在输卵管里会合后，形成一个受精卵，生命开始了。卵子受精→胚泡→胎儿。胎儿的发育是一个危险而漫长的过程（见图 5-2）。人生成长也是一个不断发展的过程。

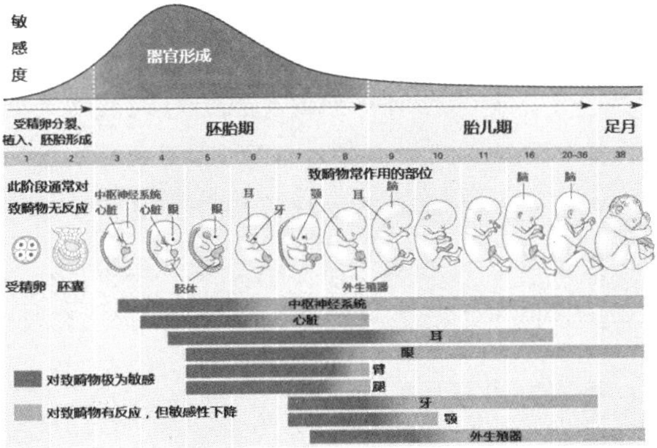

图 5-2　胎儿的发育图

一个健康生命的到来，倾注了父母大量的心血；孩子的健康成长，都是父母无限付出爱的历史；人的一生，有许多值得我们去亲自体验的历程。生命宝贵，远离不必要的危险。

（二）珍爱生命

（1）珍爱生命，因为生命仅有一次；珍惜生命，因为生命不仅仅只属于自己。

思考：在我们的生活中，有哪些不珍爱自己生命的现象？我们遇到了该如何规避？

一言以蔽之：远离一切能危害我们生命的人、事、物。

（2）我们不仅仅要珍爱自己的生命，也要尊重、关爱他人的生命。

近年来，我国交通事故频发，给人们的生命和财产安全带来了巨大损失。其中因为当事人缺乏安全意识而造成的事故也是不胜枚举。

〖**案例 5-1**〗

2008 年 12 月的一天，醉酒的无证司机孙某驾驶一辆别克轿车，在成龙路卓锦城路段造成一起 4 死 1 重伤的交通事故。当日，孙某在明知无驾驶执照、醉酒驾车的情况下，以 138 千米每小时的速度在限速 60 千米每小时的道路上高速驾车，最终在成龙路卓锦城路口，越过道路中心双黄实线，连撞 4 车，造成严重后果。12 月 25 日，成都市检察院对孙某做出了批捕决定。

想一想：我们为什么要尊重他人生命呢？

生命和健康的权利对每个人来说都是平等的，我们没有理由随意侵犯他人的生命和健康权。在社会中，尊重、关爱他人的生命也意味着更好地关爱我们自己的生命。同时，国家也制定了相关的法律，保护每个人的人身安全不受侵犯。

（3）生命是美好的，但是生命的历程是坎坷的，我们要正确面对，理智抉择。

分析案例 5-2 和案例 5-3。想一想，同样是面临困境，为什么会有两种不同的结果呢？

〖案例 5-2〗

几位少年去山上玩，天降暴雨，归途被洪水截断。他们被困在山上，又冷又饿。第二天，当洪水退去，人们上山时，才发现这几位少年已经死了。从他们紧紧抱在一起的姿势看，他们显然是又冷又饿、恐惧而死的。

〖案例 5-3〗

早晨，一个伐木工人照常去森林里伐木。他用电锯将一棵粗大的松树锯倒时，树干反弹重重地压在他的右腿上。剧烈的疼痛使他觉得眼前一片漆黑。此时，他知道，自己首先要做的是保持清醒。他试图把腿抽回来，可办不到。于是他拿起手边的斧子狠命地朝树干砍去，砍了三四下后，斧柄断了。他又拿起电锯开始锯树。但很快发现：倒下的松树呈 45 度角，巨大的压力随时会把锯条卡住，如果电锯出了故障，这里又人迹罕至，时间一长，就只能坐以待毙了。左思右想，别无他路。他狠狠心，拿起电锯，对准自己的右腿，自行截肢。伐木工人把腿简单包扎了一下，决定爬回去。一路上，他忍着剧痛，一寸一寸地爬，一次一次地昏迷过去，又一次一次地苏醒过来，心中只有一个念头：一定要活着回去。

人生路上不会一帆风顺，遇到困难，面对挫折，我们要学会调整自己，最大限度地保护自己，爱护生命，珍爱生命。

〖案例 5-4〗

2010 年 8 月 5 日，智利圣何塞铜矿发生塌方，33 名矿工被困在井下 701 米深处一个 50 平方米的狭小空间内，他们的遭遇牵动着全世界人民的心。围绕他们，智利展开了一场全国大救援，国际社会包括中国在内，都伸出了援助之手。井上，是 69 天的生死救援；井下，是 69 天的生与死的搏斗，面对孤独、绝望、饥饿、死亡的威胁，33名矿工没有放弃生的希望，在井下生存了整整69天后，于10月13日被陆续救出，创造了一个生命的奇迹！

世界因生命而精彩。珍爱生命的人，无论何时何地，无论遇到多大挫折，都不会轻易放弃生的希望。

我的承诺书

我庄严承诺：

珍爱生命，注意安全——身体是革命的本钱。

珍爱生命，认真学习——学好本领，回报关爱我的人。

珍爱生命，乐于奉献——造福社会，实现人生最大价值。

承诺人：×××

××××年××月××日

第二节　积极乐观　培养健康心理

青春发育期又被称为危机期，这意味着这个时期的青少年会遇到许多压力、矛盾和危机。这一时期生理发展的加速和性成熟的加速，使青少年对自己的生理状况不适应，甚至会对这种突然到来的急速发育产生陌生感与不平衡感，从而出现诸多心理性紊乱，引发很多负面情绪，严重影响青少年的身心健康。

一、青春期的心理特征

青春期生理上的急剧变化冲击着心理的发展，使身心发展在这个阶段失去平衡。生理上的快速成熟使青少年产生成人感，心理发展的相对缓慢使他们仍处于半成熟状态。成人感和半成熟状态是造成青春期心理活动产生种种矛盾的根本原因。青春期心理活动的矛盾现象可归纳为如下几个方面：

1. 成人感与半成熟状态之间的矛盾

由于生理的成熟，青少年在心理上产生自己发育成熟的体验，认为自己已经是成人，这就是成人感，成人感的内容包括：

第一，从心理上过高地评价自己的成熟度。

第二，认为自己的思想和行为属于成人水平。

第三，要求与成人的社会地位平等。

第四，渴望社会给予他们成人式的信任和尊重。

半成熟状态是指青少年的心理发展处于童年期向成熟的过渡阶段。他们的认知水平、思维方式和社会经验都处于半成熟状态。于是就出现了自己认为的心理发展水平与现实的心理发展水平之间的矛盾，即成人感与半成熟状态的矛盾。这是发展中的矛盾，是人生必经的矛盾冲突，也是青春发育期不能回避的最基本的矛盾。

2. 心理断乳与精神依托之间的矛盾

成人感使青少年的独立意识强烈起来，他们要求在精神生活方面摆脱成人，特别是父母的羁绊，拥有自己的独立自主的决定权。事实上，在面对许多复杂的矛盾和困惑时，他们依然希望在精神上得到成人的理解、支持和保护。

3. 心理闭锁性与开放性之间的矛盾

青少年在青春期出现心理的闭锁性，他们往往会将自己的内心世界封闭起来，不向外袒露，主要是不向成人袒露，这是因为成人感和独立自主意识所致。另外的原因是，这时的青少年认为成人不理解他们，而对成人产生不满和不信任，又增加其闭锁性的程度。但是，与此同时，青少年的诸多苦恼又使他们倍感孤独和寂寞，很希望与他人交流、沟通，并得到他人的理解。这种开放胸怀的愿望促使他们很愿意向同龄朋友推心置腹。其实，他们也希望在一定程度上向自己认为可信赖的成人朋友吐露心声。

4. 成就感与挫折感的交替

青少年通常会表现成人式的果敢和能干，如获得成功或取得良好的成绩，就会产生优越感与成就感；如果遇到失利或失败，就会产生自暴自弃的挫折感。这两种情绪体验常常交替出现，一时激情满怀，一时低沉沮丧。

二、学会调节，重视心理健康

由于青春期出现了矛盾性的心理特征，如果青少年能够正确地认识自我，不断进步，进而在人生道路上遇到任何事情都能调整心态，从容面对。

（一）认识自我，约束自我

斯芬克斯之谜

传说中众神居住的地方叫作奥林匹斯山，众神的主神是宙斯，奥林匹斯山上有一块石碑，碑上刻着一句箴言。宙斯想把这句箴言告诉人类，于是他派了斯芬克斯来到人间。斯芬克斯把这句箴言化作了一道谜语让人类猜。斯芬克斯来到了古希腊著名的城堡拜森克，守候在这座城堡唯一的井口旁，要求每一位前来打水的人猜这句谜语，凡是没有猜中的，斯芬克斯马上就把他吃掉。这句谜语给当时的拜森克城民带来了前所未有的灾难。

谜语是：什么东西早上 4 条腿走路，中午 2 条腿走路，晚上 3 条腿走路？

箴言：人，认识你自己。

谜底：人。

想一想：我们日常生活中说得最多的一个字是什么呢？

对了，“我”字。

经过科学统计，“我”字使用的频率最高。

哲人曾说：“世界上最可怕的敌人不是别人，而是你自己。”是的，人一旦不知道：“我是谁？我要做什么？我的人生意义在哪里？”人生的航船便会偏离航道，迷失方向。

认识自我，不盲从，不自负，这是人生永恒的话题。对自己的了解的知识我们称为自我意识，那么什么是自我意识呢？

自我意识是人对自己以及自己与周围环境关系的认识，包括对自己存在的认识，以及对个体身体、心理、社会特征等方面的认识。它是一个完整的多维度、多层次的心理系统。

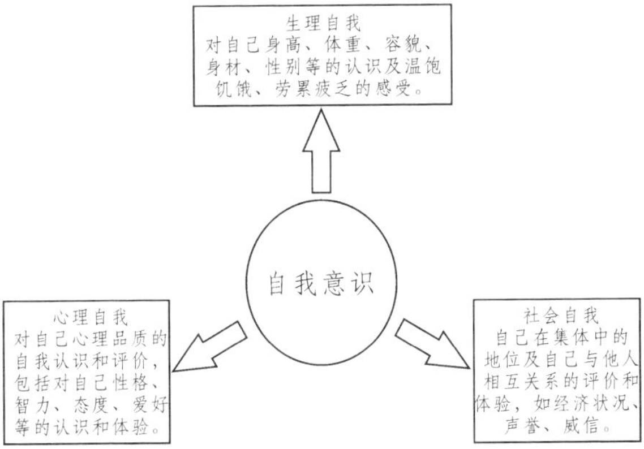

图 5-2 自我意识的内涵

活动一：为了更清楚地了解自己，用几句话来描述一下自己外貌吧！

活动二：想一想——我的优缺点有哪些？分别写出六个，然后和周围同学交流。

（1）根据自己的特点，我希望自己将来成为×××。

（2）我要这样发扬自己的优点＿＿＿＿＿＿＿＿＿。

（3）我要这样克服自己的缺点＿＿＿＿＿＿＿＿＿。

〖**案例 5-5**〗

只看拥有的

有一个男生，自小就患了一种病，这种病会使肢体失去平衡感，手脚也会时常乱动，连说话也说不清楚，嘴里总是念叨着模糊不清的词语。

也许你会觉得他很不幸，失去了很多。

但这个男生靠着顽强的意志，考上了大学，并获得了艺术博士学位。用不同的人生态度谱写了新的人生乐章。

在一次演讲会上，一个中学生冒昧地问他："你现在这个样子，请问你怎么看你自己？"

他笑了笑，十分坦然地在黑板上写下了这么几行字：

"一、我很快乐；

二、我的腿很美；

三、爸爸、妈妈那么爱我；

四、我会画画；

……"

最后，他总结道："我只看我拥有的！"

人生之中，我们扮演着不同的角色，在社会背景之下，无形之中，我们会与同龄人之间形成对比，也会受到周围人的评价。无论荣辱成败，我们都要认清自我，坚定初心，不断奋进。

（二）我的情绪管理站

俗语说："笑一笑，十年少；愁一愁，白了头。"情绪对人的影响如此之大吗？

〖**案例 5-6**〗

好胜心强的张强近来总感觉心浮气躁，做什么事情都充满了无力感，还动不动就发脾气。同学们问他原因，他总是随口一句“没事!”其实他内心知道原因：一是学习难度不断增大，自己有点跟不上老师的进度；二是他打篮球的技术好像有点退步了，在球场上的自信心受到了打击。这些事情导致了他看什么都不顺眼，总是莫名地想发火。

想一想：张强该怎么走出当前困境呢？你有张强的烦恼吗？怎么走出当前的困境？

情绪不仅会影响我们的健康，还会影响我们的人际关系和工作效率。因此，我们要调控好自己的情绪。那么，有没有调节情绪的好方法呢？我们一起起来看一看吧！

1. 注意力转移法

睡觉、听歌、看电影……

2. 适度宣泄法

在适当的场合哭一场；向他人倾诉；
进行剧烈运动；放声歌唱……

3. 心理暗示法

林则徐初到广州禁烟时，一些腐败官吏百般阻挠，他的情绪波动很大，怒不可遏。但他知道暴怒无济于事，还可能给那帮腐败官吏找到攻击他的口实。于是，他竭力控制自己的情绪，写了“制怒”二字挂在墙上，作为警句告诫自己。每当要发怒时，就注视墙上的“制怒”条幅，将怒气压下去。

4. 自我安慰法

清代作家蒲松龄落第后，情绪一度低落。但他落第不落志，下决心另辟蹊径干一番事业。他写下了这样一副自勉联：

有志者，事竟成，破釜沉舟，百二秦关终属楚；

苦心人，天不负，卧薪尝胆，三千越甲可吞吴。

他这样写了，也这样做了，终于在自己喜爱并擅长的文学上做出卓越贡献，留下了传世名著《聊斋志异》。

5. 交往调节法

某些不良情绪常常是由人际关系矛盾和人际交往障碍引起的。因此，当我们遇到不顺心、不如意的事，有了烦恼时，能主动地找亲朋好友交往、谈心，比一个人独处胡思乱想、自怨自艾要好得多。因此，在情绪不稳定的时候，找人谈一谈，具有缓和、抚慰、稳定情绪的作用。另外，人际交往还有助于交流思想、沟通情感，增强自己战胜不良情绪的信心和勇气，能更理智地去对待不良情绪。

6. 情绪升华法

骏马图是徐悲鸿在抗日战争期间创作的，是他的情感寄托，画中奔马，姿态各异，意在鼓舞中国军民奋勇前进，消灭日本侵略军。

将苦闷、愤怒等消极情绪与头脑中的闪光点、社会责任感联系起来，从而振作精神，激励我们奋发向上。

7. 幽默解嘲法

许多情况下，一句幽默的解嘲语不仅能消除自己的尴尬，还能调节气氛，促进情感的交流。《林黛玉进贾府》中，王熙凤“该打，该打”的话，就恰到好处，既赢得了贾母的欢心，也显示了自己对黛玉的关心。现实生活中，我们也往往会碰到意外的场面，需要自我解嘲一下，协调好人际关系。

张明同学早操起床时，慌乱中误把室友李浩的衣服穿走了。早操结束，张明就去了食堂。吃完早餐后，张明才发现衣服穿错了。他回到寝室，诙谐地对李浩说：“真不好意思！刚刚我邀请你的外套去食堂共进早餐了，你千万不要生气哈！”

8. 改变认知法

秀才与棺材

有张、李两个秀才一起去赶考，路上他们遇到了一支出殡的队伍。看到那口黑乎乎的棺材。张秀才心里立即“咯噔”一下，凉了半截。心想：完了，真触霉头，赶考的日子居然碰到这个倒霉的棺材。于是，他心情一落千丈，走进考场，那个“黑乎乎的棺材”一直挥之不去，结果，文思枯竭，果然名落孙山。

李秀才也看到了棺材，一开始心里也“咯噔”了一下，但转念一想：棺材，噢！那不就是有“官”又有“财”吗？好，好兆头，看来今天我要鸿运当头了，一定高中。于是心里十分兴奋，情绪高涨，走进考场，文思如泉涌，果然一举高中。回到家里，两人都对家人说：那“棺材”真是好灵。

“横看成岭侧成峰，远近高低各不同。”从不同的角度看问题，得出的结果是不一样的，要学会从积极的角度看事物。

抛开不合理的信念，如“糟糕至极”“绝对化”“以偏概全”等，就能让我们远离坏情绪。

9. 放松训练

呼吸放松、肌肉放松

用一件真实的物件，如某种球类，某种水果，或者身边可以找到的小块物体。具体做法是：

（1）凝视手中的橘子（或其他物体），反复、仔细地观察它的形状、颜色、纹理脉络；然后用手触摸它的表面质地，看是光滑还是粗糙，再闻闻它有什么气味。

（2）闭上眼睛，回忆这个橘子都留给你哪些印象。

（3）放松肌肉，排除杂念，想象自己钻进了橘子里。那么，想象一下，里面是什么样子？你感觉到了什么？里面的颜色和外边的颜色一样吗？然后，再假想你尝了这个橘子，记住它的滋味。

（4）想象自己走出了橘子的内部，恢复了原样，记住刚才在橘子里面所看到的、尝到的和感觉到的一切，然后做 5 遍深呼吸，慢慢数 5 下，睁开眼睛，你会感觉到头脑清爽，心情轻松。

10. 心理咨询

心理咨询通过聆听、接纳、疏导、支持等方式，向同学们提供专业心理健康指导与帮助，使来访者比原来活得更轻松、更快乐、更自信。心理咨询时，教师始终坚持尊重、爱护、保密的原则，来访同学亦有匿名的权利。

同学们，消极心态的人会觉得生活里到处都是不如意，积极阳光的人才容易摆脱烦恼。因此，只要遇事乐观积极向前看，我们的生活就会充满阳光。

（三）架起沟通的桥梁

人不能永远一个人生活在孤岛上。社会中的人与人之间因为交往形成了多种多样的人际关系。在融洽、和谐的人际关系中，沟通是关键，理解是桥梁，爱是基础。因此，在人际交往时，必须要重视人际沟通，使交往双方相互理解，强化沟通效果。

人际沟通的基本法则：讲清楚、听明白、做正确。

哲理故事——短四寸的裤子

阿东明天就要参加小学毕业典礼了，怎么也得精神点，把这一美好时光留在记忆之中，于是他高高兴兴地上街买了条裤子，可惜裤子长了两寸。

吃晚饭的时候，趁奶奶、妈妈和嫂子都在场，阿东把裤子长两寸的问题说了一下，饭桌上大家都没有反应。饭后大家都去忙自己的事情，这件事情就没有再被提起。

妈妈睡得比较晚，临睡前想起儿子明天要穿的裤子还长两寸，于是就悄悄地一个人把裤子剪好，放回原处。

半夜里，狂风大作，窗户“哐”的一声关上，把嫂子惊醒。她猛然想到小叔子裤子长两寸，自己辈分最小，怎么都得是自己去做了，于是披衣起床将裤子处理好才又安然入睡。

奶奶每天一大早醒来给小孙子做早饭，趁水未开的时候也想起孙子的裤子长两寸，马上快刀斩乱麻，又剪去了两寸。

最后阿东只好穿着短四寸的裤子去参加毕业典礼了。

启示：人与人之间需要更多的双向沟通。

理解对现代人特别重要，这也就是“理解万岁”成为社会上一句很流行的口号的原因所在，它告诉我们：万事都要考虑一下对方。在社会中，社会要理解个人，个人也要理解社会；在家庭中，父母要理解自己的子女，子女也要理解自己的父母；在学校里，老师要理解学生，学生也要理解老师，同学之间也要相互理解……

第三节　保持良好心态　拥有幸福人生

少年牛顿

1643 年 1 月 4 日，在英格兰林肯郡沃尔斯索浦的一个农民家庭里，牛顿诞生了。牛顿是个早产儿，出生时只有 3 磅重（约 1.36 千克）。接生婆和他的双亲都担心他能否活下来。谁也没有料到这个看起来微弱的小生命会成为一位震古烁今的科学巨人，竟活到 85 岁的高龄。

牛顿出生三个月后，父亲便去世了。在他 3 岁时，母亲改嫁。从此牛顿便由外祖母抚养。11 岁时，继父去世，牛顿才回到了母亲身边。大约从 5 岁开始，牛顿被送到公立学校读书，12 岁时进入中学。少年时的牛顿并不是神童，他资质平常，成绩一般，但他喜欢读书，喜欢看一些介绍各种简单机械模型制作方法的读物，并从中受到启发，自己动手制作些奇奇怪怪的小玩意，如风车、木钟、折叠式提灯等。有一次，药剂师的房子附近正建造风车，小牛顿把风车的机械原理摸透后，自己也制造了一架小风车。他还制造了一个小水钟，每天早晨，小水钟会自动滴水到他的脸上，催他起床。

之后一段时间，迫于生计，母亲让牛顿停学在家务农。但牛顿对务农并不感兴趣，一有机会便埋首书卷。母亲还让他和别人一道上市场学习做生意，牛顿总是偷偷跑开，利用这这段时间躲在树丛后看书。一次，牛顿的舅父起了疑心，便悄悄跟着牛顿，发现他的外甥伸着腿，躺在草地上，正在聚精会神地钻研一个数学问题。牛顿的好学精神触动了舅父，于是舅父劝服了母亲让牛顿复学。牛顿又重新回到了学校，如饥似渴地汲取着书本上的营养。

牛顿的勤奋，刻苦钻研，改变了他的人生，也改变了整个世界。

讨论：读了牛顿的成长故事，你有什么感想？他的人生对你有什么启发呢？

青春是人生中最美丽的一道风景，是一生中最真切的回忆。它像一幅绚丽的画，光彩夺目；又如天上的流星，一闪而过。短暂而美好的青春，标志着成长与未来，记载着掌声与微笑。偶尔也会有风浪，但只要我们坚信阳光总在风雨后，年轻的我们，洒下青春的汗水，必将收获美好的未来，拥有幸福的人生。

小事顺其自然——交给生活
烦事心理防御——自我安慰
大事面对现实——真实面对
难事寻求帮助——勇于求助

课后思考

1. 如何长时间保持自己的身心健康呢？
2. 调节情绪还有哪些方法呢？
3. 生命不易，生活不易，我们怎样才能养成积极向上的心态呢？

参考文献

[1] 王晓平，张浩，陈祝林. 职业发展概述[M]. 上海：同济大学出版社，2004.

[2] 宦平. 德育职业道德与职业指导[M]. 北京：中国劳动社会保障出版社，2014.

[3] 国家职业分类大典和职业资格工作委员会. 中华人民共和国职业分类大典[M]. 北京：中国劳动社会保障出版社，2015.

[4] 唐凯麟，蒋乃平. 职业道德与职业指导[M]. 北京：高等教育出版社，2001.

[5] 蒋乃平. 职业生涯规划[M]. 北京：高等教育出版社，2009.

[6] 王立杰. 职业学校安全管理案例汇编[M]. 北京：机械工业出版社，2018.

[7] 章俊华. 心理健康知识案例分析[M]. 北京：中国劳动社会保障出版社，2009.

[8] 莫坚义. 中职生综合素养读本[M]. 北京：北京出版社，2014.

[9] 职业素养提升编写组. 职业素养提升[M]. 镇江：江苏大学出版社，2015.

[10] 林契于宸. 职场人必备的九种素质，你都具备了吗[EB/OL]. [2019-06-30]. 人才网 https://hr.ofweek.com/news/news-show-708397.html.

[11] 党建网微平台. 职场必备十种能力[EB/OL]. [2019-07-10]. 党建网微平台 http://www.wenming.cn/djw/djw2016sy/djwjggz/201709/t20170921_4431645.shtml.

[12] 四川共青团. 宪法跟你的一生到底什么关系[EB/OL]. [2019-05-21]. 四川共青团 https://mp.weixin.qq.com/s/TA4VO0ZLHyitSeZWuNAY9w.

[13] 未成年人犯罪案例[EB/OL]. [2019-09-13]. 找法网 http://china.findlaw.cn/bianhu/qitaanli/wcnfz/110023.html.

[14] 历史茶栈. 季布一诺千金[EB/OL]. [2019-08-04]. 网易 http://dy.163.com/v2/article/detail/CR5JVPJD0523JQK2.html.

[15] 伯牙绝弦[EB/OL]. [2019-03-01]. 语文网 https://yuwen. chazidian.com/xiangxi-324422/.